Das große HANDBUCH der Zauberei und Hexerei

TEXT:

Aurore Meyer

ILLUSTRATIONEN:

Marygribouille
und Pierre Uong,
unter Mitwirkung von
Amandine

moses.

Inhalt

Tipps & Tests

Verkleidung

Spiel & Spaß

Rezeptideen

Basteln & Bauen

Spannende Abenteuer

Tipps & Tests

Der große Magie-Test

Wenn du dieses Buch aufschlägst, bist du sicher jemand, der von der Welt der Hexerei begeistert ist! Befindest du dich noch in der Ausbildung zur Hexe oder zum Zauberer oder kennst du bereits alle Zauberbücher in- und auswendig? Beantworte diese Fragen, um es herauszufinden!

1 Wenn du das Wort „Hexe" oder „Zauberer" hörst, denkst du …

- **A** … dass es die nicht gibt.
- **B** Brr, wie gruselig!
- **C** Wie spannend!

2 Wie würdest du dich beschreiben?

- **A** Romantisch.
- **B** Normal.
- **C** Geheimnisvoll.

3 Du hast Streit mit jemandem. Was tust du?

- **A** Du schmollst in deiner Ecke.
- **B** Du versuchst zu verstehen, was passiert ist.
- **C** Du verfluchst die andere Person, damit sie dir aufs Wort gehorcht!

4 Welches ist dein Lieblingstier?

- **A** Einhorn oder Dino
- **B** Hund
- **C** Katze

5 Zu welchem Thema würdest du gerne einen Roman schreiben?

- **A** Liebe!
- **B** Fantasy
- **C** Hexerei natürlich!

6 Welche Farbe haben die meisten Kleidungsstücke in deinem Schrank?

- **A** Rosa oder Blau
- **B** Du hast keine Lieblingsfarbe, dir gefallen alle Farben.
- **C** Rot oder schwarz.

7 Als was verkleidest du dich am liebsten?

- **A** Als Tier.
- **B** Als Skelett oder Zombie.
- **C** Als Hexe oder Zauberer!

DU HAST DIE MEISTEN FRAGEN MIT A BEANTWORTET

Du entdeckst gerade erst die Welt der Hexerei und Zauberei. Bisher hast du dich eher für Spielzeug interessiert, aber je älter du wirst, desto spannender findest du die Welt der Hexerei und Zauberei. Du möchtest unbedingt mehr darüber erfahren, fühlst dich aber noch nicht bereit dazu, dich in deinem Zimmer einzuschließen und Zaubertränke zu brauen. Vielleicht beginnst du erst einmal mit einem richtigen Gruselgeburtstag?

DU HAST DIE MEISTEN FRAGEN MIT B BEANTWORTET

Du befindest dich in der Ausbildung zum magischen Wesen. Du hast dir diese Frage nie wirklich gestellt, aber wenn du darüber nachdenkst, stimmt es, dass du alles magst, was auch nur im Entferntesten mit der Welt der Hexerei und Zauberei zu tun hat. Du vertiefst dich gerne in geheimnisvolle Bücher und hast auch schon die Harry-Potter-Saga gelesen. Für dich gibt es viel zu entdecken und du kannst es kaum erwarten, dich dieser neuen Leidenschaft zu widmen!

DU HAST DIE MEISTEN FRAGEN MIT C BEANTWORTET

Du bist schon eine richtige Hexe oder ein Zauberer! Rätselhafte Geheimnisse, Eulen, schwarze Katzen und Zaubertränke faszinieren dich. Du hast ein hitziges Temperament und bei dir ist immer etwas los! Du bist voller Energie und für deine Freund*innen und deine Familie ist es manchmal etwas schwer, mit dir Schritt zu halten. Das ist ganz normal, denn du sprudelst vor Ideen und hast dir ein eigenes Universum geschaffen, das nur dir gehört. Teile deine Leidenschaft mit den Menschen in deinem Umfeld, sie werden davon profitieren!

Verkleidung

Dein Hexen-Kostüm

Mit ein paar Tricks kannst du deinen ganz eigenen Look kreieren. Hier ist der Dresscode für richtige Hexen!

Verkleide dich als Hexe

Du brauchst:

- einen Müllsack mit Zugband
- eine Schere
- ein schwarzes oder lilafarbenes T-Shirt
- eine schwarze oder graue (Strumpf-)Hose
- Schmuck

1 Schneide den Boden des Müllsacks auf und mache Zacken hinein.

2 Ziehe den Rock an und benutze das Zugband als Gürtel. Vervollständige dein Outfit mit einem T-Shirt und einer schwarzen oder grauen Strumpfhose oder Hose.

3 Füge deinem Look Armbänder und Halsketten mit Tieranhängern, Vogelfedern, Glöckchen usw. hinzu. Du kannst auch Perlen mit Buchstaben nutzen, um dir deinen ganz persönlichen Zauberspruch umzuhängen.

Bastle dir einen Zauberer- oder Hexenhut

Du brauchst:

- Karton
- einen Zirkel
- ein 50 cm x 65 cm großes Blatt Papier
- eine Schere
- Klebeband
- Kleber
- Leim
- schwarzes und lilafarbenes Seidenpapier

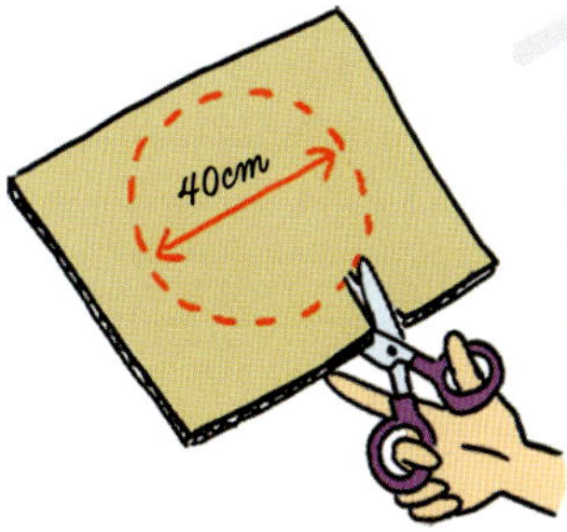

1

Schneide aus dem Karton einen Kreis mit einem Durchmesser von 40 cm und höhle ihn in der Mitte deinem Kopfumfang entsprechend aus.

2

Forme einen Kegel aus dem Papier und klebe es zusammen. Schneide Fransen in den unteren Rand.

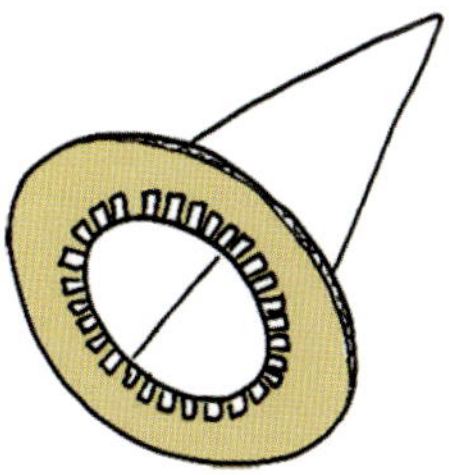

3

Stelle den Kegel auf den Kreis und klebe die Fransen fest, indem du sie nach innen klappst.

4

Bestreiche den so entstandenen Hut mit Leim und beklebe ihn mit Seidenpapier.

Verkleidung

Zaubere dir einen Besen

Du brauchst:

- Karton
- eine Schere
- braune Farbe
- vier leere Küchenrollen
- braunes Klebeband
- gelbes Geschenkband oder Bast

1 Schneide den Karton in 20 Streifen mit einer Länge von 25 cm und male sie braun an.

2 Lege die Küchenrollen aneinander und klebe sie mit braunem Klebeband zusammen.

3 Platziere die braunen Kartonstreifen rund um das eine Ende des Besenstiels und befestige sie mit Klebeband.

4 Überdecke das Klebeband mit gelbem Geschenkband oder Bast.

Und schon kannst du auf deinem Besen reiten!

TIPP

Du kannst statt der Kartonstreifen auch Reisig verwenden, dann wirkt dein Besen noch realistischer.

So schminkst du dich als Hexe

Die Augen

Ziehe deine Augenbrauen nach und male sie mit einem schwarzen Augenbrauenstift dicker. Umrande deine Augen mit einer dunklen Farbe (schwarz, grau oder lila).

Der Mund

Wenn du eine hübsche Hexe sein möchtest, benutze roten Lippenstift. Wenn du etwas geheimnisvoller wirken möchtest, nimm lilafarbenen.

Die Warze

Klebe dir eine haarige Warze ins Gesicht. Nähe dafür einige schwarze Fäden auf ein hellbraunes Heftpflaster. Rolle das Pflaster zu einer Kugel und befestige die Warze mit der klebrigen Seite auf deinem Gesicht.

Die Frisur

Nichts leichter als das: Du musst dir nur die Haare zerzausen! Binde noch ein Tuch um deinen Kopf oder verwende ein Haarband und schon bist du fertig!

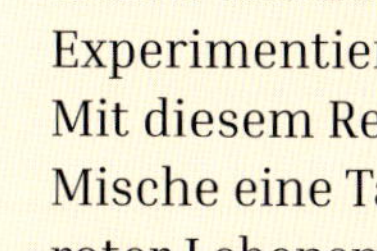

Kunstblut herstellen

Hexen und Zauberer verletzen sich auch mal beim Experimentieren!
Mit diesem Rezept kannst du Kunstblut herstellen: Mische eine Tasse Rohrzuckersirup mit zwei Esslöffel roter Lebensmittelfarbe. Füge noch zwei Esslöffel Speisestärke hinzu und verrühre alles, bis es eine ähnliche Konsistenz wie Blut hat.

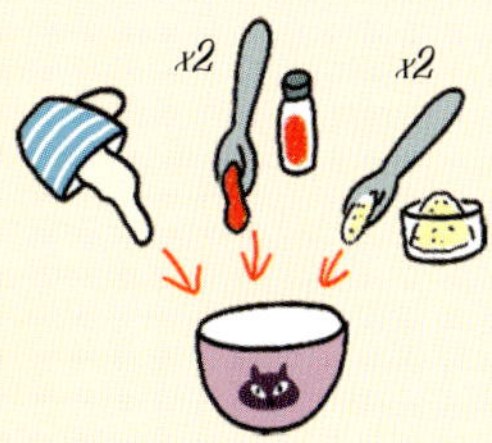

Gruselkuchen

Wie wäre es mit einem Kuchen in Form eines Geisterhauses? Gruseleffekt garantiert!

JOGHURTKUCHEN

Du brauchst:
(für 8 Personen)

- 1 Naturjoghurt (behalte den Becher zum Abmessen der Mengen)
- 3 Eier
- 2 Becher Zucker
- 3 Becher Mehl
- 1 Becher Sonnenblumenöl
- 1 Päckchen Backpulver
- Butter für die Form

1. Heize den Backofen auf 180 °C vor.
2. Fülle den Joghurt in eine Schüssel und gib die Eier, den Zucker und das Mehl dazu. Vermische alles gut.
3. Füge Öl und Backpulver hinzu und verrühre alles zu einer homogenen Masse.
4. Gieße den Teig in eine gefettete Backform und schiebe den Kuchen für 35 Minuten in den Ofen. Lass ihn abkühlen, bevor du ihn aus der Form nimmst.

Du brauchst:

- → 200 g dunkle Schokolade
- → 250 ml Milch
- → 10 g Butter

GLASUR

1. Hacke die Schokolade in Stücke und gib sie in einen Topf.
2. Füge Milch und Butter hinzu und lass das Ganze bei schwacher Hitze schmelzen. Rühre so lange, bis du eine leicht flüssige Glasur erhältst.
3. Nimm den Kuchen aus der Form und lege ihn auf ein Gitter. Trage die Glasur mit einem Teigschaber auf.
4. Lass die Glasur abkühlen.

VERZIERUNG

Du brauchst:

- → 100 g geraspelte Kokosnuss
- → grüne (oder gelbe und blaue) Lebensmittelfarbe
- → 3 Eiswaffeln
- → braune Fruchtgummi-Schnüre (Cola-Geschmack), Lakritzschnecken, Haribo®-Primavera-Erdbeeren, 2 Haribo®-Pasta-Basta-Streifen (rot), Trolli®-Wurrli, Haribo®-Spiegeleier, Vampirzähne …

1. Vermische die Kokosraspeln mit der Lebensmittelfarbe.
2. Gieße die Mischung auf ein Tablett und lege den Kuchen in die Mitte.
3. Setze die Eiswaffeln umgekehrt auf den Kuchen und verbinde sie mit den Cola-Schnüren, indem du diese einmal um jede Eiswaffelspitze wickelst.
4. Nimm für die Lakritzspinnen je eine Lakritzschnecke und setze an jede Seite vier kleine Lakritzstücke als Beine. Schneide zwei Haribo®-Primavera-Erdbeeren in kleine Stücke für die Augen.
5. Lege die Pasta-Basta-Streifen als Zufahrt zum Geisterhaus auf das Tablett und verteile die anderen Süßigkeiten auf und neben dem Kuchen.

Basteln & Bauen

Baue dir ein Tipi

Schaffe dir einen geheimen Ort, an dem du mit deinen Freundinnen und Freunden einen zauberhaften Abend unter dem Sternenhimmel verbringen kannst.

DU BRAUCHST:

- fünf 1,50 m lange Äste oder (noch besser) Bambusrohre
- eine Schnur oder ein Seil
- ein altes Bettlaken
- eine Schere
- einen Platz im Garten oder irgendwo im Grünen, wo du dein Zelt aufschlagen kannst!

1 Entferne alles vom Boden, was piekst, kratzt oder dir in die Füße stechen könnte. Lege dann mit dem Seil einen Kreis in der Größe, die du dir für deinen Unterschlupf vorstellst.

2 Stelle drei Äste auf den Kreis und binde sie an der Spitze mit der Schnur zusammen.

3 Füge mindestens zwei weitere Äste als Stabilisierung hinzu und binde diese ebenfalls fest.

4 Befestige das Laken an der Spitze des Tipis, lass es über die Äste herunterhängen und richte es rundherum aus.
Mache Löcher in das Laken, damit du es an der Öffnung ein Stück zusammennähen kannst – vergiss dabei nicht, den Eingang offen zu lassen.

TIPP

Damit du es schön bequem hast, kannst du dir ein Kissen und eine Isomatte mitnehmen und unter deinen Schlafsack legen.

Und schon hast du einen Ort, an dem du mit deinen Freund*innen Geheimnisse austauschen kannst! Weitere Tipps für eine Nacht im Freien findest du auf den nächsten Seiten …

Spiel & Spaß

Eine Nacht im Freien

Für eine Nacht unter dem Sternenhimmel brauchst du nicht viel: einen bequemen Platz zum Liegen, ein paar Snacks zum Knabbern, eine oder mehrere Personen, die dich begleiten, eine Taschenlampe und natürlich etwas Mut!

Dekoration

- Um die Gläser deiner Gäste zu dekorieren, zeichne kleine Knochen auf Papier (zwei für jedes Glas). Variiere dabei die Details (Formen, Farben usw.). Schneide sie aus und klebe sie auf die Strohhalme, damit jeder sein Glas wiedererkennt.
- Bastle ein Skelett und hänge es an die Tür deines Zeltes oder deiner Hütte.
- Verteile überall Spinnen: Plastikspinnen oder selbst gebastelte aus Lakritzschnecken.
- Besorge Monster-Chips als Snack.

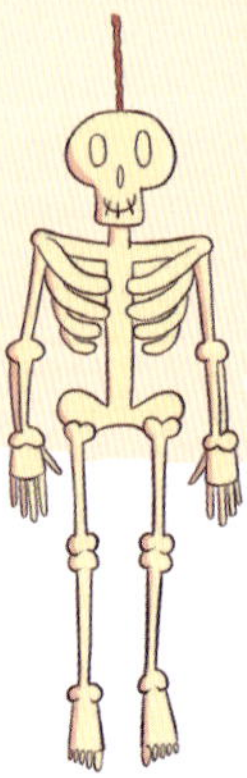

Für den kleinen Hunger

Bereite unter Aufsicht einer erwachsenen Person Marshmallow-Spieße vor. Diese könnt ihr dann über einem Grill oder über einem Feuer erwärmen und genießen!

Der Wolf geht um

Bestimmt, wer von euch der Wolf sein soll, und begebt euch an einen dunklen Ort. Der Wolf ruft „Auhh“ und muss so viele Kinder wie möglich berühren, um sie ebenfalls in Wölfe zu verwandeln. Diese versuchen nun ihrerseits, die übrigen Kinder zu fangen und in Wölfe zu verwandeln. Gewonnen hat, wer als Letztes berührt wird.

Gruselgeschichten erzählen

Jede von euch überlegt sich eine Geschichte mit möglichst vielen Monstern und gruseligen Kreaturen: Werwölfe, Vampire, Zombies, Hexen, Geister etc. Erzählt euch die Geschichten bei ausgeschalteter Taschenlampe und beendet sie an einer spannenden Stelle. Schaltet die Taschenlampe plötzlich wieder ein und richtet sie auf jemanden oder kitzelt euch unauffällig mit einer Feder. Grusel garantiert!

Spannende Abenteuer

UNTERM STERNENHIMMEL

Lust auf Zelten in der freien Natur? Wenn du ein echtes magisches Wesen bist, werden dich die Geräusche der Nacht nicht allzu sehr erschrecken!

Unverzichtbare Ausrüstung

- Zelt
- Schlafsack
- Proviant und Trinkwasser
- Müllsack, um deine Abfälle wieder mitzunehmen
- Taschenlampe
- Mückenschutzmittel
- Handy (für alle Fälle!)

Schlafplatz

Nun kannst du beweisen, dass du wirklich der Welt der Magie angehörst! Wenn du mutig bist, suche dir mit deinen Eltern einen Platz, an dem du dein Lager aufschlagen kannst (in eurem Garten oder bei deinen Großeltern). Falls du dich fürchtest, kannst du die Nacht immer noch in deinem eigenen Bett beenden! Vielleicht hat aber auch jemand Lust, dir bei deinem nächtlichen Abenteuer Gesellschaft zu leisten!

Nachtgeräusche

Wenn ihr das Zelt aufgebaut und eure Sachen verstaut habt, dürft ihr den Abend genießen! Macht es euch in euren Schlafsäcken gemütlich und lauscht den Geräuschen der Natur. Je besser ihr sie zuordnen könnt, desto sicherer fühlt ihr euch. Was ist das für ein unheimlicher Ton? Ach so, das ist nur der Ruf einer Eule. Und dieses komische Geräusch? Vielleicht hat sich eine Spinne in euer Zelt verirrt. Da kommt richtige Gruselstimmung auf!

Sternenzauber

Es braucht nur einen wolken- und mondlosen Himmel, der vor den Lichtern der Stadt (und der Luftverschmutzung!) geschützt ist. Am besten ist die Sicht im Sommer in den Bergen. Wenn deine Augen sich langsam an die Dunkelheit gewöhnt haben, kannst du dich einfach treiben lassen.

Nächtliche Aktivitäten

Erkundet vor dem Abendessen und vor Einbruch der Dunkelheit die Umgebung. Klettert auf umliegende Bäume (natürlich ohne sie zu beschädigen oder euch in Gefahr zu bringen). Nachdem ihr euer Picknick (Rezeptideen auf den Seiten 62–63) oder gegrillte Würstchen und Marshmallows gegessen habt, könnt ihr euch ins Gras legen und die Sterne betrachten. Entdeckt ihr die bekannten Sternbilder Großer Bär, Kleiner Bär, Stern des Hirten, Kassiopeia oder das Kreuz des Nordens?

Fünfzackiger Stern

Ein Pentagramm ist eine geometrische Figur, die aus einem fünfzackigen Stern besteht, der von einem Kreis umschlossen wird. Es ist eines der bekanntesten Amulette von magischen Wesen. Jede Zacke des Sterns steht für ein Element. Wenn man oben beginnt und im Uhrzeigersinn geht, findet man Geist, Wasser, Feuer, Erde und Luft. Hexen und Zauberer tragen dieses Symbol als Amulett um den Hals oder lassen es in ihren Kessel gravieren. Du kannst das Symbol zeichnen, ohne den Stift abzusetzen:

Diese bekannten Sternbilder kannst du leicht erkennen

Großer Bär

Man nennt ihn auch „Großer Wagen“.

Kleiner Bär

Er ist auch als „Kleiner Wagen“ bekannt. Der Polarstern am Ende seines Schweifs zeigt gen Norden.

Kassiopeia

Das Sternbild hat die Form eines Ws.

Schwan

Dieses Sternbild ist kreuzförmig und wird daher auch „Kreuz des Nordens“ genannt.

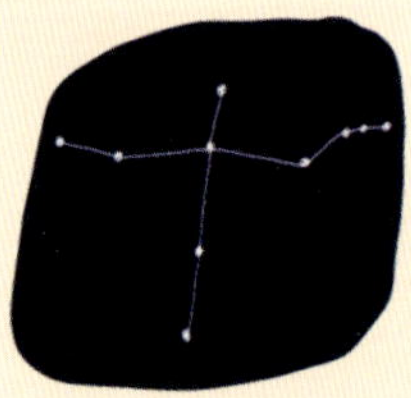

Die Sterne

Sterne sind riesige Gebilde aus Gas, die ständig verglühen. Sie erzeugen Licht und Wärme. Es gibt so viele davon im Universum, dass man sie nicht zählen kann! Die Farbe der Sterne variiert von Gelb über Orange bis hin zu Blau oder Rot und ist auf die jeweilige Temperatur eines Sterns zurückzuführen: Rote Sterne sind die kältesten, blaue Sterne die heißesten.

Was ist eine Sternschnuppe?

Eine Sternschnuppe ist ein kleines Stück Gestein aus dem Weltall, das durch die Atmosphäre, also die Luftschicht, die die Erde umgibt, auf unseren Planeten zurast. Seine Bewegung und sein Fall sind so schnell, dass sich ein Lichtschweif bildet, der die Illusion einer Sternschnuppe erzeugt, die sofort wieder verschwindet.

Magische Pyjamaparty

Bist du bereit, eine lustige Pyjamaparty zu schmeißen? Hier einige Ideen, damit es euch nicht langweilig wird!

Die Eltern fragen

Frag deine Eltern, ob du zwei, drei oder vier Freundinnen oder Freunde zu dir nach Hause einladen darfst (je mehr, desto besser!). Legt im Voraus die Regeln fest: Schlafenszeit, Aufräumen am nächsten Tag …
Damit deine Freundinnen und Freunde Zeit haben, gib ihnen rechtzeitig Bescheid.

Vorbereitung

Prüf einen Tag vorher, ob alles bereit ist, um deinen Besuch zu empfangen: Betten, Spiele, ein Fotoapparat oder ein Smartphone, um Erinnerungen von eurem Abend festzuhalten, und eventuell ein paar Leckereien …

Würfel des Grauens

Keine Pyjamaparty ohne Enthüllungen!
Schneidet zuerst die Vorlage für den Würfel des Grauens (Seite 123) aus und baut ihn zusammen. Spielt dann reihum und befolgt die Anweisungen auf dem Würfel.
Natürlich könnt ihr weiter plaudern und euch viele Geheimnisse erzählen!
Und wo geht das besser als in einer gemütlichen Ecke? Lege dafür eine Matratze, Decken und große Kissen auf den Boden.

Blinde Kuh

Plaudern ist schön, aber Spielen und Lachen ist noch besser! Hier das erste Spiel. Schaltet das Licht aus und stellt euch barfuß hin. Die jüngste Person beginnt und muss ertasten, wem welche Füße gehören. Kitzeln ist erlaubt! Wer gewonnen hat, darf mit dem nächsten Spiel beginnen: Schaltet wieder das Licht aus und dreht die Siegerin oder den Sieger fünf Mal um die eigene Achse. Sie oder er muss euch nun im Zimmer finden, ohne dabei überall anzustoßen.

Igitt!

Bitte deine Eltern (oder mache es selbst, bevor die Party beginnt), Schüsseln mit Dingen zu füllen, die man berühren kann und die einem magischen Wesen würdig sind, wie z. B. gekochter Reis, Gel, Schleim, nasse Watte, trockene Blätter, Quark usw. Verbindet euch die Augen und reicht die Schüsseln herum. Wer kann den Inhalt erraten? Wer richtigliegt, wird zur Oberhexe oder zum Zauberermeister ernannt!

Spiel & Spaß

Warzenspiel

Ihr braucht:

- einen roten Lippenstift

❶ Zu Beginn des Spiels hat niemand von euch eine Warze. Ordnet euch gegenseitig Nummern zu: Hexe 1, Zauberer 2, Hexe 3 …
Die erste Spielerin beginnt und sagt:
„Ich bin Hexe 1 ohne Warze und rufe Hexe 3 ohne Warze.“

❷ Nun ist die zuletzt aufgerufene Hexe an der Reihe und sagt: „Ich bin Hexe 3 ohne Warze und rufe Zauberer 2 ohne Warze.“

❸ Sobald sich jemand von euch irrt, bekommt die Person mit dem roten Lippenstift eine Warze ins Gesicht gemalt und muss den Satz ändern in: „Ich bin Hexe 3 mit Warze und rufe Zauberer 2 ohne Warze.“

❹ Irrt sich diese Hexe noch einmal, bekommt sie eine zweite Warze ins Gesicht gemalt und die anderen Hexen und Zauberer müssen sie ab sofort „Hexe 3 mit zwei Warzen“ nennen.

Spielt und amüsiert euch!
Und wenn ihr fertig seid,
wascht euch das Gesicht
(oder auch nicht …).

Die böse Hexe

Ihr braucht:

- eine Taschenlampe
- Musik

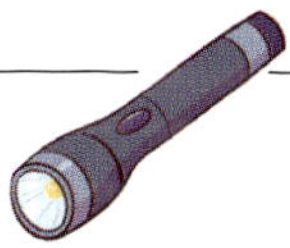

Macht Musik an und schaltet alle Lichter aus. Die böse Hexe nimmt die Taschenlampe in die Hand, lässt sie aber noch ausgeschaltet. Die anderen Hexen und Zauberer tanzen ausgelassen, bis die böse Hexe die Taschenlampe einschaltet, woraufhin alle in ihrer Bewegung „einfrieren". Wer sich als Erstes bewegt, ist als Nächstes die böse Hexe.

Bis bald!

Die Feier ist zu Ende und die Gäste haben sich verabschiedet. Damit du deine Freundinnen und Freunde bald wieder zu einer Pyjamaparty einladen darfst, hilf deinen Eltern beim Aufräumen. So sehen sie, dass sie sich auf dich verlassen können!

Basteln & Bauen

Ausgefallene Schmuckstücke

>>→ Wie wäre es mit selbst gebastelten Armbändern, um deinen Look zu vervollständigen?

DU BRAUCHST:

- Schrumpf-Folie (findest du im Bastelladen)
- einen Bleistift
- einen schwarzen Filzstift
- farbige Filzstifte oder Buntstifte
- eine Schere
- einen Locher
- eine Schnur oder ein Band

1 Heize den Backofen auf 150 °C vor. Pause mit dem Bleistift eine Zeichnung deiner Wahl (Seite 127) auf die raue Seite der Schrumpf-Folie ab. Zeichne sie dann mit dem schwarzen Filzstift nach.

2 Male die Umrisse nun mit den farbigen Filzstiften oder den Buntstiften aus.

3 Schneide deine Zeichnung aus und loche sie an der vorgegebenen Stelle ◌.

4 Schiebe deine Form mit der glänzenden Seite nach oben für 1 bis 2 Minuten in den Ofen. Du wirst sehen, dass sich die Form in alle Richtungen verbiegt – das ist normal.

5 Sobald die Form wieder flach wird, ist sie fertig! Warte, bis sie ganz flach ist, bevor du sie aus dem Ofen nimmst. Lass sie dann auf einer sauberen Arbeitsfläche abkühlen und lege ein dickes Buch darauf, um sie zu pressen.

6 Fädle eine Schnur oder ein Band durch das Loch und schon ist dein Schmuckstück fertig!

TIPP

Damit sich dein Armband enger und weiter machen lässt, fädle die Schnur durch das Loch, mache mit dem Ende der Schnur zwei Schlaufen um die Schnur und schiebe sie hindurch. Wiederhole den Vorgang mit dem anderen Ende. Schneide die überstehenden Schnurenden ab. Damit die Knoten schön fest werden, kannst du eine erwachsene Person bitten, sie mit einem Feuerzeug zu verschmelzen.

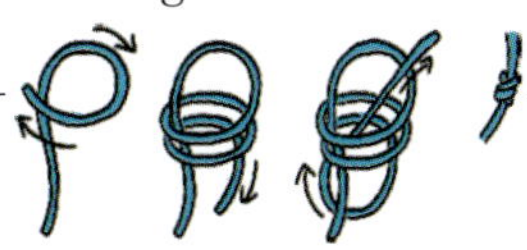

Wie du dich um deine Katze kümmerst

Ob Straßen- oder Rassekatze: Dieses niedliche Tier braucht viel Ruhe, freut sich aber auch über kleine Aufmerksamkeiten!

Gähn!

Katzen schlafen gerne: Sie ruhen sich 16 bis 18 Stunden am Tag aus. Wenn sich deine Katze zusammengerollt hat, macht sie wahrscheinlich gerade ein Nickerchen. Wenn sie lang ausgestreckt daliegt, befindet sie sich im Tiefschlaf.
Stelle den Katzenkorb auf ein Möbelstück – Katzen lieben die Höhe!

Streicheleinheiten

Deine Katze liebt es, wenn du sie streichelst, und fängt an zu schnurren. Hörst du damit auf, reibt sie sich an dir, damit du weitermachst. Besonders gefällt es ihr, wenn du sie am Hals und unter dem Kinn kraulst. Sie zeigt dir aber auch, wenn sie genug hat, indem sie zum Beispiel die Ohren anlegt.

Gut zu wissen!

Katzen können auf 60 unterschiedliche Arten miauen. Du kannst lernen, was sie dir je nach Tonfall sagen möchten.

Es gibt da ein Problem …?

Deine Katze verteilt ihr Essen überall? Es nervt zwar, wenn sie ihr Futter neben dem Napf verteilt, ist aber ganz normal. Alle Katzen machen das! Lege eine Serviette, ein Küchentuch oder Zeitungspapier unter ihren Napf, so kannst du später besser sauber machen. Und stelle bloß das Katzenklo nicht neben den Fressnapf, das mag sie gar nicht!

Zeit zum Spielen

Auch wenn deine Katze es gerne ruhig hat, braucht sie deine Nähe. Nimm dir jeden Tag etwas Zeit, um mit ihr zu spielen. So stärkst du eure Verbindung und hast selbst auch Spaß!

Die Katze pinkelt in die Pflanzen

Zeige zunächst auf die Stelle, an der sie gepinkelt hat und sage „Nein“! Um zu verhindern, dass sie erneut in den Blumentopf macht, lege einen Karton oder Alufolie auf die Erde. Da es für Katzen unangenehm ist, Aluminium zu berühren, wird sie schnell damit aufhören.

Spiele für deine Katze ...

Mache deiner Katze eine Freude und bastele ihr Spielzeug. Sie soll schließlich auch Spaß haben!

DU BRAUCHST:

- eine helle Socke
- Wollfäden
- 1 m Schnur
- einen Filzstift
- Nadel und Faden oder Kleber

Falsche Maus

1 Drehe die Socke mit der Naht nach außen.

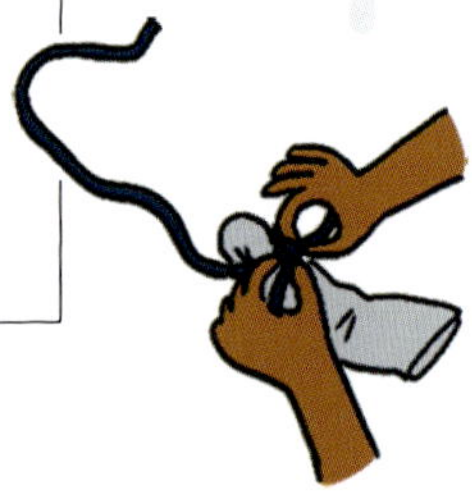

2 Knote oder nähe die Schnur am unteren Ende der Socke fest.

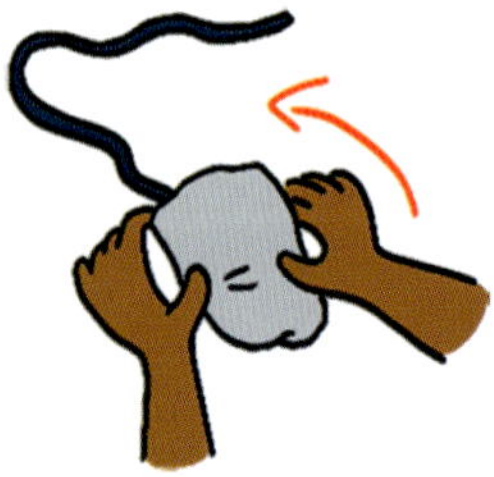

3 Rolle die Socke zu einer Kugel. Lasse die Schnur als Schwanz raushängen.

4 Nähe oder klebe die Wollfäden als Barthaare an die Socke und male mit dem Filzstift Augen darauf.

Bewege die Maus vor den Augen deiner Katze hin und her – das wird schnell ihren Jagdinstinkt wecken!

Kratzbrett

BITTE DEINE ELTERN UM HILFE!

DU BRAUCHST:

- ein ca. 30 cm x 60 cm großes Holzbrett
- Schleifpapier (optional)
- ein Stück Teppich in der gleichen Größe wie das Holzbrett
- Hammer und Nägel

1 Schleife die Kanten des Bretts ab, damit sie weniger rau sind.

2 Nagle den Teppich auf das Brett.

3 Lehne das Brett gegen eine Wand. Zeige deiner Katze, wie sie mit ihren Krallen auf dem Teppich kratzen kann, indem du ihre Vorderpfoten vorsichtig auf das Brett legst. Schon bald wird sie es alleine können.

Dein kleines Raubtier hat nun keinen Grund mehr, seine Krallen am Sofa oder an den Gardinen zu wetzen!

Basteln & Bauen

... und Basteleien für dich!

Diese tierischen Bastelideen werden dich immer an deinen flauschigen Liebling erinnern!

DU BRAUCHST:

- eine leere Konservendose
- Schleifpapier (optional)
- Kunstfell (ca. 15 cm x 30 cm, je nach Größe der Konservendose)
- eine Schere
- Kleber
- Scoubidou-Bänder
- rosa Filz (ca. 5 cm x 5 cm)

Kuscheliger Stiftehalter

1 Reinige die Konservendose und achte darauf, dass die Ränder nicht scharfkantig sind. Wenn nötig, schleife sie etwas ab.

2 Miss den Umfang und die Höhe der Dose. Schneide das Kunstfell auf die passende Größe zu und klebe es auf die Dose.

3 Lege sechs Scoubidou-Bänder als Schnurrbart auf die Dose und befestige sie mit einem runden Stück rosa Filz.

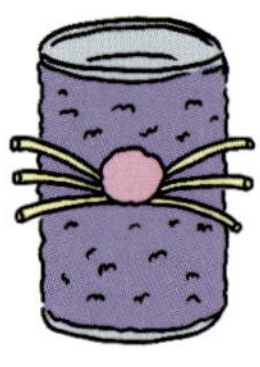

TIPP

Für noch mehr Katzen-Feeling in deinem Alltag klebe den Rest des Fells auf einen Heftumschlag!

T-Shirt mit Katzenmotiv

DU BRAUCHST:

- ★ ein weißes T-Shirt
- ★ Textilfarbe (schwarz und rosa)
- ★ Bleistift
- ★ Pinsel
- ★ Karton (ca. 30 cm x 30 cm)

1 Schiebe den Karton in das T-Shirt, damit die Farbe nicht auf die Rückseite abfärbt.

2 Zeichne mit Bleistift Augen, eine Schnauze und Schnurrhaare vor und male sie mit Farbe aus.

3 Nimm den Karton heraus, wenn die Farbe getrocknet ist.

Lies in der Anleitung der Textilfarbe, wie du diese richtig fixierst. Es kann sein, dass du die Rückseite des T-Shirts einmal bügeln musst.

Katzenlesezeichen

DU BRAUCHST:

- ★ Tonpapier
- ★ Lineal
- ★ Schere
- ★ Filzstifte
- ★ Cutter

1 Zeichne ein Rechteck (ca. 15 cm x 6 cm) auf das Tonpapier und schneide es aus.

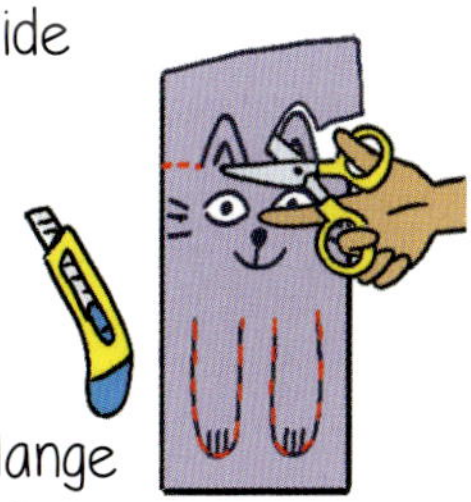

2 Zeichne mit einem Filzstift den Kopf einer Katze sowie lange Vorderpfoten darauf.

3 Schneide die Oberkante des Rechtecks entlang der Umrisse der Ohren ab. Benutze den Cutter, um die Beine auszuschneiden.

Spiel & Spaß

Feiere deinen Geburtstag im Zeichen der Magie

Tipps für DIE Party des Jahres!

Bevor es losgeht

Frage deine Eltern, wie viele Freundinnen und Freunde du einladen darfst. Finde einen Termin, an dem alle Zeit haben, und bastle passende Einladungskarten.

Einladungskarten

Du brauchst:

(pro Einladung)

- schwarzes Tonpapier (ca. 15 cm x 20 cm)
- orangefarbenes Tonpapier (ca. 3 cm x 10 cm)
- ein Blatt weißes Papier (ca. 6 cm x 10 cm)
- einen weißen Filzstift
- Kleber
- Schere
- Stift

1. Schneide aus dem schwarzen Tonpapier einen Hut aus.
2. Schneide einen Streifen vom orangefarbenen Tonpapier ab und klebe ihn auf den Hut.

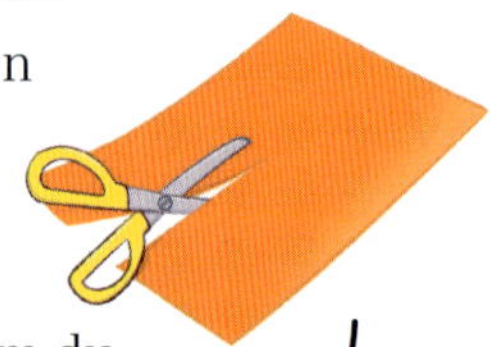

3. Verziere den Hut, indem du mit einem weißen Filzstift Kreise, Sterne und Monde darauf malst.
4. Klebe ein weißes Blatt Papier auf die Rückseite und schreibe deinen Einladungstext darauf.

Deko

Decke den Tisch mit Tischdecke, Servietten, Bechern und hübschen Strohhalmen und schmücke den Raum mit Girlanden und Luftballons.

Schwarze Girlande

Du brauchst :

- schwarzes Papier
- eine Schnur
- Schere
- Kleber

❶ Schneide zunächst eine dreieckige Schablone aus und übertrage das Dreieck dann auf das schwarze Papier. Schneide so viele schwarze Dreiecke aus, dass sie für die gesamte Länge der Schnur reichen.

❷ Klappe den unteren Teil der Dreiecke um, lege die Schnur in die so entstandene Falte und klebe sie fest.

❸ Wiederhole diesen Vorgang für die gesamte Länge der Schnur.

❹ Bitte eine erwachsene Person, dir beim Aufhängen der Girlande zu helfen.

❷

Katzenballons

Du brauchst:

- schwarze Luftballons
- einen weißen Filzstift
- schwarzen Wollfaden

❶ Blase die Luftballons auf, verknote sie und binde einen Wollfaden als Schwanz daran.

❷ Zeichne mit dem Filzstift Augen, einen Schnurrbart, Ohren, ein Maul und eine kleine Nase auf die Ballons.

Dein Kostüm

Auf deiner Party bist du der Boss! Wähle daher ein Outfit, das dir besonders gut gefällt und in dem du dich wohlfühlst (vor allem, wenn ihr vorhabt, draußen zu spielen!). Du kannst auch deine Gäste bitten, sich zu verkleiden! Schreibe es am besten auf deiner Einladung mit dazu. Auf den Seiten 6 und 9 findest du Kostümideen.

Das Büfett

Backe und verziere einen Kuchen (Rezeptideen findest du auf den Seiten 10–11 und 36–37). Stelle ihn gut sichtbar auf das Büfett. Deine Gäste werden beeindruckt sein! Außerdem kannst du Süßigkeitenspieße (die lieben alle) und Obstsalat vorbereiten.

Spielideen

Es gibt viele lustige Spiele, mit denen ihr euch bei deiner Geburtstagsparty amüsieren könnt! In diesem Buch findest du zahlreiche zauberhafte Ideen. Ihr könnt euch natürlich auch für klassische Spiele entscheiden.

1 Klebt euch ein Post-it mit dem Namen eines Charakters auf die Stirn und ratet, wer ihr seid, indem ihr Fragen stellt, die nur mit „Ja“ oder „Nein“ beantwortet werden dürfen.

2 Spielt Pantomime, aber diesmal so wie „Stille Post“: Wer an der Reihe ist, spielt das, was die vorherige Person dargestellt hat, der Nächsten vor. Die Letzte muss erraten, worum es sich zu Beginn gehandelt hat.

3 Spielt „Reise nach Jerusalem“. Macht Musik an, und sobald die Spielleitung „Abrakadabra“ ruft, müssen alle einen Platz finden. Die Herausforderung: Es gibt einen Stuhl weniger als Personen mitspielen. Wer keinen Platz bekommen hat, scheidet aus. Stellt einen Stuhl zur Seite und startet das Spiel erneut. Das Ganze geht so lange, bis nur noch eine Person übrig ist – sie hat gewonnen!

Bis bald

Wenn es für deine Gäste Zeit ist zu gehen, gib ihnen ein kleines Andenken mit. Organisiere dafür eine Schatzsuche: Einzeln oder gleichzeitig müssen deine Freundinnen und Freunde in der Wohnung nach ihrem Geschenk – etwas Gebasteltes, ein Schmuckstück, Sticker oder Radiergummi – suchen. Du hilfst ihnen, indem du „kalt“ oder „warm“ rufst.

Die Party ist vorbei und deine Gäste sind gegangen. Damit du sie bald wieder einladen darfst, hilf deinen Eltern beim Aufräumen!

Rezeptideen

Spinnenkuchen

Nehmt euch in Acht: Diese ekligen Spinnen werden wir verspeisen!

FÜR DEN KUCHEN

Du brauchst:

(für 8 Personen)

- → 200 g dunkle Schokolade
- → 125 g Butter
- → 5 Eier
- → 175 g Zucker
- → 175 g Mehl
- → 1 Päckchen Backpulver
- → Butter für die Form

1. Heize den Backofen auf 180 °C vor.
2. Hacke die Schokolade in Stücke und lass sie zusammen mit der Butter in einem Topf langsam schmelzen.
3. Trenne die Eier und schlage das Eiweiß zu festem Eischnee.
4. Mische das Eigelb mit dem Zucker und hebe vorsichtig den Eischnee darunter.
5. Gib nun das Mehl, Backpulver und die geschmolzene Schoko-Butter-Mischung dazu.
6. Fülle den Teig in zwei Muffinförmchen und eine runde Form, die du zuvor mit Butter eingefettet hast.
7. Schiebe die Muffins für 20 Minuten und den Kuchen für 30 Minuten in den Ofen. Lass beides abkühlen, bevor du es aus der Form nimmst.

FÜR DIE GLASUR

1. Schmelze die Schokolade mit der Sahne und dem Honig bei schwacher Hitze in einem Topf. Nimm den Topf vom Herd, füge die Butter in kleinen Stücken hinzu und verrühre alles.
2. Lege den Kuchen und die Muffins auf ein Gitter und gieße die Glasur von der Mitte aus darüber.
3. Streue direkt danach die Schokostreusel auf die Muffins.

Du brauchst:

- 150 g flüssige Sahne
- 150 g dunkle Schokolade
- 1 Esslöffel Honig
- 80 g Butter
- Schokostreusel

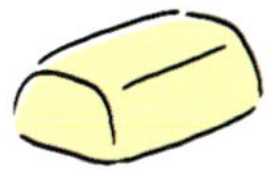

FÜR DIE VERZIERUNG

1. Lege die Muffins auf den Kuchen.
2. Drücke je zwei Smarties® als Augen auf die Muffins.
3. Schmelze die Schokostücke 10 Sekunden in der Mikrowelle.
4. Schneide alle Mikado®-Keks-Sticks einmal in der Mitte durch. Stecke vier halbe Mikado®-Keks-Sticks in jede Seite der Spinnenkörper und vervollständige die Beine mit einem zweiten Stück, das du mit der geschmolzenen Schokolade an das erste klebst.

Du brauchst:

- 4 Smarties®
- 2 dunkle Schokostücke
- 16 Mikado®-Keks-Sticks

Basteln & Bauen

Deine Zauber-Piñata

Beeindrucke deine Gäste und bereite ihnen eine Piñata mit vielen Überraschungen vor!

DU BRAUCHST:

- einen Luftballon
- Zeitungspapier
- Mehl
- Wasser
- eine Nadel
- eine Schere
- Süßigkeiten
- einen Locher
- eine Schnur

FÜR DIE DEKO (optional)

- buntes Papier
- Kleber
- Farbe

1 Stelle Kleister her, indem du Mehl und Wasser in gleicher Menge mischst. Rühre die Masse gut um, damit keine Klumpen entstehen.

2 Blase den Luftballon auf (aber nicht bis zum Anschlag). Schneide das Zeitungspapier in Stücke und klebe es mit Kleister auf den Ballon. Lass dabei ca. 2 cm um den Knoten herum frei.

3 Lass das Ganze nun trocknen, bis die Piñata hart geworden ist.

4 Wenn die Piñata hart und trocken ist, lass den Luftballon mit einer Nadel platzen und entferne ihn.

5

Verziere die Piñata nun ganz nach deinem Geschmack. Du kannst sie z.B. mit buntem Papier bekleben oder sie anmalen.

6

Befülle sie dann mit Süßigkeiten.

7

Stanze mit dem Locher zwei Löcher rechts und links der Öffnung und ziehe die Schnur durch.

8

Hänge die Piñata mit der Schnur z.B. an einem Ast auf. Verbindet euch die Augen und zerschlagt die Piñata mit einem Stock!

GUT ZU WISSEN!

Ursprünglich war die Piñata ein großer mexikanischer Kochtopf, in den Süßigkeiten und kleine Geschenke gelegt wurden.

Die Geschichte der Hexerei

Jedes magische Wesen hat seine eigene Persönlichkeit, ein typisches Kostüm, ein Lieblingstier, ein Transportmittel (oft einen Besen!) sowie ganz persönliche Stärken und Schwächen.

Alte Geschichten

In früheren Zeiten wurden magische Fähigkeiten meist Frauen zugeschrieben. Angeblich gaben sie ihr geheimes Wissen mündlich von Generation zu Generation weiter. Hexen galten als mächtig, vor allem dank ihres Wissens in Pflanzenkunde. Sie wurden zum Teil als Ärztinnen angesehen oder galten als Personen, die Tote wieder zum Leben erwecken konnten. Irgendwann begann man, sie als böse zu bezeichnen. Vor allem im Mittelalter wurde Hexenjagd betrieben, um Menschen zu verurteilen, die Hexerei praktizierten.

Unheimliche Umgebung

Hexen und Zauberer leben meist allein in einer dunklen, abgelegenen Gegend. Sie wohnen lieber auf dem Land als in der Stadt und scheinen nur selten ihre Küche zu verlassen, in der sie alle Arten von Tränken, Pulvern und Zaubersprüchen erfinden. Die einzigen Lebewesen, mit denen sie ihren Alltag teilen, sind Tiere wie Spinnen, Schlangen, Katzen, Kröten oder Krähen.

Kräfte, die nicht immer magisch sind

Echte Hexen und Zauberer haben magische Kräfte und besitzen Zauberstäbe. Doch leider sind Zaubersprüche nicht immer erfolgreich. So kann es schon mal passieren, dass eine Hexe ihren treuesten Gefährten in eine Marmorstatue statt in einen schönen Prinzen verwandelt oder ihre größte Feindin in eine Schönheitskönigin, obwohl sie ihr eigentlich eine Warze auf die Nase zaubern wollte.

QUIZ

Welche kannibalische Hexe fliegt auf einem riesigen Mörser umher und sucht nach kleinen Kindern, an denen sie sich laben kann?

- **A** Baba Jaga
- **B** Bibi Blocksberg
- **C** Die kleine Hexe

Dornröschen wird von einer bösen Hexe verflucht.

- **A** Richtig
- **B** Falsch

Wer bietet Edmund im zweiten Band der *Chroniken von Narnia* Süßigkeiten an?

- **A** Die böse Hexe des Westens
- **B** Die weiße Hexe
- **C** Gundel Gaukeley

1: Antwort A; 2: Antwort A; 3: Antwort B.

Spiel & Spaß

Deine zauberhafte Schatzsuche

Egal, ob du die Schatzsuche für deine Freundinnen und Freunde selbst organisierst oder deine Eltern bittest, alles vorzubereiten, eines ist sicher: Ihr werdet euch auf jeden Fall zauberhaft amüsieren!

Vor der Schatzsuche

Schreibe die Aufgabe auf ein Pergamentpapier:

Die alte Hexe Petronilla hat die Schatztruhe des Königreichs versteckt. Wenn ihr sie vor Einbruch der Dunkelheit findet, gehört sie euch! Wenn nicht, werdet ihr in Frösche verwandelt … Viel Glück!

Ziel des Spiels

Eine Schatztruhe finden! Diese muss vorbereitet sein: Nimm einen Karton und lege Süßigkeiten, Sticker, Radiergummis, Filzstifte, Notizbücher und andere Überraschungen hinein. Bemale den Karton mit schwarzer und goldener Farbe oder zeichne Fledermäuse, Spinnen usw. darauf.

ACHTUNG!

Damit ihr während der Schatzsuche nicht zufällig auf die Truhe stoßt, verstecke sie an einem geheimen Ort, den ihr normalerweise nicht betreten dürft (z. B. das Schlafzimmer deiner Eltern). Frage vorher um Erlaubnis!

Verstecke kleine Spinnen im Haus

Du brauchst:

- einen Eierkarton
- schwarze und weiße Farbe
- Pinsel
- Kleber
- Schere
- Pfeifenreiniger

1. Schneide die Vertiefungen des Eierkartons für den Körper der Spinnen aus.

2. Male sie schwarz an und lass sie trocknen.

3. Schneide Beine aus dem Pfeifenreiniger und klebe vier davon auf jede Seite des Spinnenkörpers.

4. Male zwei weiße Punkte als Augen auf die Spinne.

5. Wiederhole diese Schritte für jede Spinne.

Spiel & Spaß

Vorbereitung

Schreibe acht Hinweiszettel (wie in der Vorlage), die euch bei der Schatzsuche weiterbringen. Wenn das Spiel länger dauern soll, kannst du natürlich weitere Hinweise hinzufügen.

DIREKT NACH BEKANNTGABE DER AUFGABE VORLESEN

Hinweis Nr. 1

Ich habe einen Kopf, aber nicht zum Denken. Vorsicht, ich spritze!

IN DER DUSCHE VERSTECKEN

Hinweis Nr. 2

Ein teuflisches Duo: Die eine sticht, das andere schneidet.

Hinweis Nr. 3

In diesem Raum gibt es eine Brille, aber sie ist nicht fürs Lesen gedacht.

AUF DER TOILETTE VERSTECKEN

Hinweis Nr. 4

Eine weiche Sitzgelegenheit für dich und deine Familie ...

IM BESTECKKASTEN VERSTECKEN

AUF DEM SOFA VERSTECKEN

Hinweis Nr. 5

Brr, ich bin einer der kältesten Gegenstände im Haus, aber ich bewahre kein Eis auf.

IM KÜHLSCHRANK VERSTECKEN

Hinweis Nr. 6

Wenn ihr euch hier hinlegt: Bitte nicht schnarchen!

Hinweis Nr. 7

Eine Maus ist nie weit von ihm entfernt, aber ohne seine Tastatur ist er nutzlos.

UNTERM BETT VERSTECKEN

Hinweis Nr. 8

BEIM COMPUTER VERSTECKEN

Begebt euch an den „geheimen Ort" …

Verrückte Ideen

Bereite Karten vor und schreibe auf die Vorderseite „Extra-Aufgabe" und auf die Rückseite, was ihr tun müsst.
Hier einige Vorschläge:

- Imitiert eine Bande von schwarzen Katzen, die in der Nacht jaulen.
- Schneidet eine Minute lang Grimassen, die schauderlich aussehen.
- Kriecht wie Kröten durch das Zimmer.
- Findet 10 Wörter, die sich auf „Eule" reimen. Ihr habt 30 Sekunden Zeit.
- Springt eine Minute lang wutentbrannt in alle Richtungen.

Es geht los!

Wenn alle deine Gäste versammelt sind, lies ihnen die Aufgabe mit dunkler Stimme vor (übe es vorher!) und gib ihnen den ersten Hinweis. Lasst euch dann von Hinweis zu Hinweis führen. Sprecht euch ab, in welchen Raum ihr gehen müsst. Ihr habt nur einen Versuch. Wenn eure Antwort richtig ist, begebt euch in den genannten Raum. Wenn eure Antwort falsch ist, bekommt ihr eine Extra-Aufgabe.

Am Ende der Schatzsuche überreichst du deinen Gästen das Diplom von Seite 121 als Belohnung.

Spiel & Spaß

Magische Fähigkeiten

Beweise deinen Freundinnen und Freunden, dass du zaubern kannst - mit diesen faszinierenden Tricks!

Bewege Dinge aus der Ferne

Du brauchst:

- einen Luftballon
- einen Pullover
- Papierschnipsel

1. Blase den Ballon auf und lege die Papierschnipsel auf einen Tisch.
2. Erzähle den Zuschauenden, dass du die Papierschnipsel bewegen kannst, ohne sie zu berühren.

3. Dreh dich unauffällig um oder bitte die Zuschauenden, die Augen zu schließen, und reibe den Ballon kräftig, aber nicht zu lange, an deinem Pullover.
4. Halte den Ballon über die Papierschnipsel und du wirst sehen, dass diese sich wie von Geisterhand bewegen!

TIPP

Wenn du keinen Ballon dahast, kannst du stattdessen ein Plastiklineal nehmen, damit funktioniert es auch! Und wenn du gerade keinen Pullover anhast, kannst du den Ballon auch an deinen Haaren reiben – das ist allerdings auffälliger, da dein Haar danach elektrisiert ist!

Badebomben für ein sumpfiges Badevergnügen

Du brauchst:

(für 1 Badebombe)

- Gummihandschuhe
- eine Badebombenform
- eine Schüssel
- einen Teigschaber
- 30 g Zitronensäure (findest du in der Apotheke)
- 60 g Natron
- 1 Teelöffel Öl (z. B. Mandelöl)
- grüne Lebensmittelfarbe

1. Ziehe die Gummihandschuhe an, gib die Zitronensäure, Natron und Öl in die Schüssel und rühre so lange, bis du eine homogene Masse erhältst.
2. Füge ein paar Tropfen grüne Lebensmittelfarbe hinzu.
3. Fülle die Masse in die Form und drücke sie vorsichtig fest.
4. Lass deine Badebomben 24 Stunden ruhen.
5. Nimm sie aus der Form und schon kannst du ein entspannendes Bad nehmen!

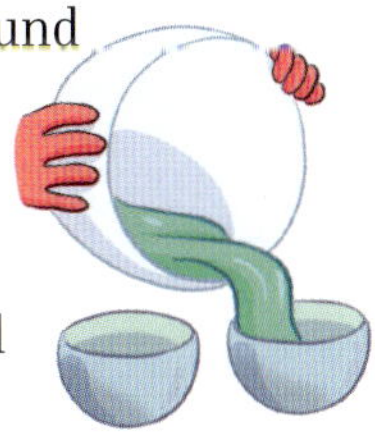

TIPP

Wenn du keine speziellen Badebombenformen hast, kannst du die Mischung auch in Backformen aus Silikon füllen.

Rezeptideen

Schauriges Menü

Willkommen in der Hexenküche!
Alles hier ist essbar, aber es braucht etwas Mut, diese außergewöhnlichen Gerichte zu probieren …

Vorspeise

SPINNEN-KOKONS

Du brauchst:
(für 4 Personen)
- → 2 Eier
- → schwarze Oliven
- → Mayonnaise

1. Koche die Eier 10 Minuten und halte sie dann unter kaltes Wasser, um sie abzukühlen.
2. Schäle und halbiere sie und gib Mayonnaise auf das Eigelb.
3. Halbiere die Oliven und lege eine Hälfte auf die Mayonnaise.
4. Schneide acht Beine aus einer anderen Olive und ordne sie um den Körper der Spinne an.

1. Gang

MUMIEN-WÜRSTCHEN

Du brauchst:
(für 4 Personen)
- → 8 Würstchen
- → Blätter- oder Pizzateig
- → Mayonnaise
- → 1 Olive

1. Heize den Ofen auf 180 °C vor.
2. Schneide den Blätterteig in Streifen und wickle ihn um die Würstchen.
3. Lege die Würstchen auf ein mit Backpapier belegtes Backblech und schiebe sie für 15 Minuten in den Ofen. Lass die Würstchen abkühlen.
4. Mache mit der Mayonnaise zwei Punkte als Augen auf jedes Würstchen und setze zwei kleine Olivenstücke als Pupille darauf.

2. Gang

ZOMBIE-FINGER

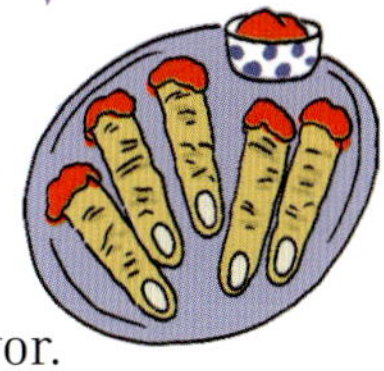

Du brauchst:

(für 4 Personen)

- → Blätterteig
- → 200 g geriebenen Käse
- → 10 ganze Mandeln
- → 1 Eigelb
- → Tomatenmark

1. Heize den Ofen auf 200 °C vor.
2. Rolle den Teig aus und schneide ihn in etwa 4 cm breite Streifen.
3. Streue Käse darauf und forme Finger aus dem Teig.
4. Schneide den Teig auf Fingerlänge.
5. Stecke eine Mandel als Fingernagel auf das Ende eines jeden Teigfingers.
6. Ritze mit einem Messer drei kleine Striche für die Fingerknöchel in den Teig.
7. Streiche mit einem Pinsel das Eigelb auf die Finger.
8. Schiebe sie für 10 bis 15 Minuten in den Ofen. Lass die Finger dann abkühlen und lege sie auf eine Servierplatte. Gib etwas Tomatenmark als Blut auf das untere Ende der Finger.

Getränk

EIS-AUGEN

Lege Oliven oder Blaubeeren in eine Eiswürfelform, fülle sie mit Wasser und ab damit ins Gefrierfach! Wenn die Eiswürfel fest sind, löse sie aus der Form und lege die so entstandenen Eis-Augen in die Getränke deiner Gäste.

Nachtisch

FAULIGE ÄPFEL

Du brauchst:

(pro Person)

- → 1 Apfel
- → weiße Mini-Marshmallows

Viertle die Äpfel und mache kleine Löcher in die Schnitze, in die du dann die Mini-Marshmallows stecken kannst.

Basteln & Bauen

Dein Zauberkranz

Gestalte einen Kranz für deine Zimmertür, der alles Böse davon abhält, einzutreten …

DU BRAUCHST:

- einen Styroporring
- Abdeckband in verschiedenen Farben
- eine Schere
- schwarze Bänder
- weißen Nähfaden
- einen Flaschendeckel
- schwarze Farbe
- zwei Wackelaugen
- schwarzen Pfeifenreiniger
- Angelschnur
- orangefarbenen Filz
- einen kleinen Ast
- Kleber
- ein Gummi

1 Umwickle den Styroporring mit dem bunten Abdeckband. Knüpfe schwarze Bänder an den Kranz.

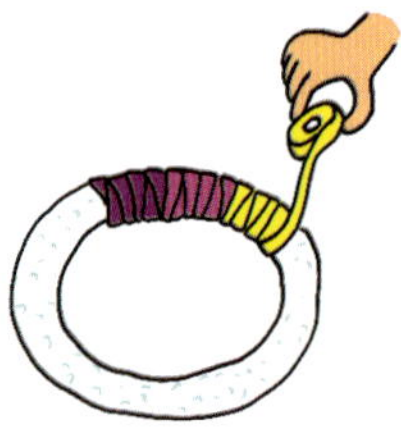

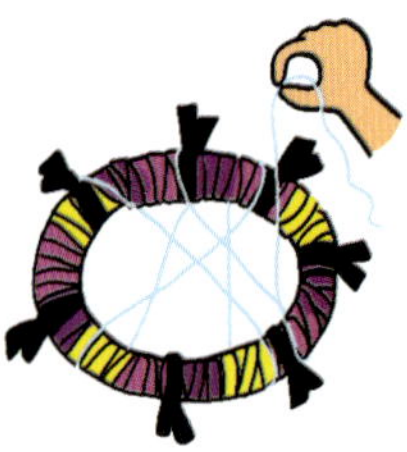

2 Spinne mit dem Nähfaden ein Spinnennetz in den Styroporring.

3

Um die Spinne herzustellen, male den Deckel schwarz an und lass ihn trocknen. Klebe dann die Wackelaugen darauf und befestige an jeder Seite vier Stücke des Pfeifenreinigers als Beine. Knote die Spinne mit einem Bein an die Angelschnur und hänge sie an den Kranz.

4

Schneide für den Besen Fransen in den orangefarbenen Filz und wickle ihn um ein Ende des Astes. Befestige das Ganze mit einem Gummi und klebe den Besen auf den Kranz.

Jetzt musst du den Kranz nur noch an deine Zimmertür hängen!

TIPP

Wenn du keinen Styroporring hast, kannst du auch einen Messingring nehmen oder einen einfachen Draht, um einen Kreis zu formen.

Die Geheimnisse der Natur

Schon seit Jahrtausenden nutzen Hexen und Zauberer die besondere Wirkung von Pflanzen.

Vorsicht!

Frag beim geringsten Zweifel eine erwachsene Person.

Wildbeeren

Die meisten Beeren, wie Himbeeren, Johannisbeeren oder Brombeeren, sind köstlich. Aber Achtung: Einige kann man nicht essen und sie können sogar giftig sein. Wenn du dir also nicht ganz sicher bist, iss sie lieber nicht, da du dich sonst vergiften könntest!

Die Rotfrüchtige Zaunrübe ist eine Kletterpflanze, die in Hecken wächst. Ihre kleinen roten Beeren werden oft von zarten weißen Blüten begleitet. Aber stopp: besser nicht zu nahe kommen!

Der Bittersüße Nachtschatten ist eine Kletterpflanze, die bis zu zwei Meter hoch werden kann. Sie hat kleine rote Beeren, die etwas länglicher sind als die der Rotfrüchtigen Zaunrübe, und violette Blüten. Man kann damit die Haut einreiben, um bestimmte Infektionen zu behandeln. Aber Vorsicht: Man darf sie nicht essen, da sie giftig ist!

Der Korallenstrauch, auch Liebeskirsche genannt, ist ein buschiger Strauch mit wunderschönen kleinen Früchten. Doch lass dich nicht von seiner Schönheit blenden: Seine Beeren sind giftig!

QUIZ

Verbinde jede Pflanze mit der magischen Kraft, die in ihr steckt.

A Die Brennnessel ·

B Die Graue Heide ·

C Das Gänseblümchen ·

D Die Kornblume ·

E Die Schlüsselblume ·

F Die Ackerwinde

G Das Basilikum ·

H Die Eibe ·

· 1 Ihre Blätter schützen vor bösen Flüchen.

· 2 Einige Samen dieser Pflanze unter dem Kopfkissen sollen helfen, Albträume zu verscheuchen.

· 3 Wenn man seine Blütenblätter abzupft, erfährt man mehr über die Gefühle der Person, in die man verliebt ist.

· 4 Die Blüten werden destilliert, um die Augen zu pflegen und gereizte Haut zu beruhigen.

· 5 Die Druiden schnitzten ihre Zauberstäbe aus dem Holz dieses Baumes. Auch der Zauberstab von Harry Potter ist aus diesem Material.

· 6 Magier*innen trinken den Saft, der aus dieser Pflanze gewonnen wird, bevor sie sich auf ihren Besen schwingen.

· 7 Sie ist bekannt dafür, Schmerzen zu lindern und Infektionen zu heilen.

· 8 Ihre in Öl eingelegten Blätter helfen bei blauen Flecken.

Antworten: A1, B7, C3, D4, E8, F2, G6, H5.

Basteln & Bauen

Dein Herbarium

Seit Anbeginn der Zeit nutzen Hexen und Zauberer die Kraft der Pflanzen. Wie wäre es, wenn du welche sammelst, um sie besser kennenzulernen?

DU BRAUCHST:

- Blätter und Blüten, die du in der Natur gesammelt hast
- Zeitungspapier
- ein dickes Buch, z.B. ein Wörterbuch
- ein Notizbuch
- Klebestreifen

1

Sammle Blüten und Blätter und lass sie drei Tage lang zwischen dem Zeitungspapier trocknen. Lege ein dickes Buch darauf, um sie zu pressen.

2

Lege die getrockneten Pflanzen dann vorsichtig in dein Notizbuch. Klebe sie an den Stängeln fest und schreibe unter jede Blume folgende Informationen:

- Funddatum
- Fundort
- Pflanzenart
- Farbe
- Duft
- Erinnerung an den Tag

Gut zu wissen!

Manche Pflanzenarten sind vom Aussterben bedroht. Vielleicht nicht sofort, aber wer weiß, ob sie in einigen Jahrtausenden noch existieren?
Mit deinem Herbarium kannst du sie an zukünftige Generationen weitergeben.

TIPP

Wenn du keine Ahnung hast, wie die Blume heißt, die du gepflückt hast, gibt es Apps (Pl@ntNet, NatureID, PlantSnap ...), mit denen du einfach ein Foto von deinem Fundstück machen kannst, um es zu bestimmen. Wie Zauberei!

Gänseblümchen

Schneckenklee

Brennnessel

Veilchen

Hahnenfuß

Klee

ACHTUNG

Man darf nicht überall Blumen pflücken: Auf einem Kreisverkehr, in einem Park oder einem Stadtgarten ist es verboten!

Wegwarte

Mohnblume

Tipps & Tests

Die Sprache der Blumen

Mit Blumen kannst du eine Botschaft an die Person übermitteln, der du sie schenkst!

Sonnenblumen sind ein Symbol für Freude.

Rote Rosen sind das Symbol der Liebe. Verschenkst du eine Rose, sagst du damit „ich liebe dich“ und sendest eine eindeutige Botschaft!

Die Gerbera steht für Freundschaft: Male oder schenke sie einer Freundin oder einem Freund.

Die Iris bringt gute Nachrichten! Iris ist eine Göttin in der Mythologie, deren Erscheinen mit einer glücklichen Nachricht verbunden ist.

Warum welken Blumen?

Nach der Blütezeit machen die Blüten Platz für die Früchte, indem sie welken. Wenn Pollen auf den Stempel gelangt sind, wachsen Früchte. Irgendwann fallen die Samen der Früchte ab und neue Pflanzen entstehen daraus. Blumen mit vielen Blütenblättern, wie die Pfingstrose, können keine Früchte tragen, da die vielen Blütenblätter das Entstehen von Staubblättern verhindern. Ohne Pollen können sich die Blüten nicht selbst oder gegenseitig befruchten.

Warum duften Blumen?

Der Duft der Blumen lockt Insekten wie Bienen und Hummeln an. Diese bringen die Pollen von Blüte zu Blüte und tragen so zur Befruchtung der Pflanzen bei.

Stelle Veilchensirup her

Du brauchst:

(für 100 ml)

- etwa fünfzig Veilchen
- 1/2 Zitrone
- 125 g Zucker
- 120 ml Wasser

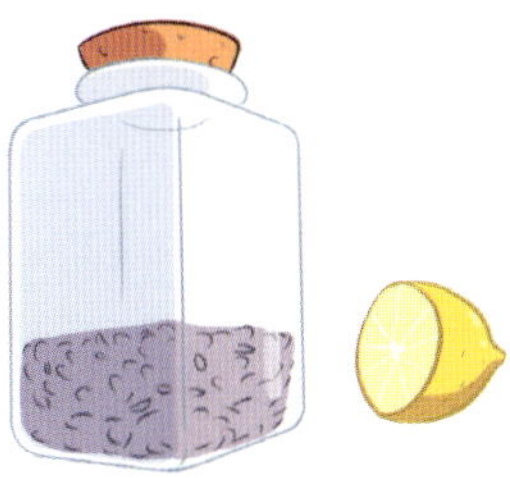

1. Wasche die Veilchen ab und behalte nur die Blüten.
2. Gib sie zusammen mit dem Zitronensaft in einen geschlossenen Behälter, zerstampfe sie ein wenig und lass das Ganze 12 Stunden ruhen.
3. Filtere den Saft dann durch ein Sieb.
4. Gieße den Saft in einen Topf, füge den Zucker hinzu und koche die Mischung bei schwacher Hitze 6 Minuten lang.
5. Lass den Sirup abkühlen und serviere ihn dann mit Wasser verdünnt als Getränk oder träufle ein paar Tropfen davon auf deine Nachspeise.

Basteln & Bauen

Die richtige Stimmung für magische Aktivitäten

Kreiere ein zauberhaftes Ambiente, um deine magische Rituale zu praktizieren …

DU BRAUCHST:

- kleine Sträuße aus getrockneten Blättern und Zweigen
- eine Schere
- einen etwa 80 cm langen Holzstab
- Stoffband oder Baumwollfaden

Pflanzen-Mobile

1 Sammle Blätter und Zweige und binde jede Sorte zu einem kleinen Strauß.

2 Schneide den Faden in fünf Stücke von je 30 cm Länge und befestige die Sträuße daran.

3 Hänge die Sträuße kopfüber mit einem Abstand von 10 cm an den Holzstab.

4 Schneide 1 m Faden ab und knote ihn an beide Enden des Holzstabs, damit du dein Mobile aufhängen kannst.

Sternenlaterne

DU BRAUCHST:

- ★ ein kleines Glasgefäß (z.B. ein leeres Marmeladenglas)
- ★ Sternenaufkleber
- ★ einen Pinsel
- ★ Klebstoff
- ★ Glitzer
- ★ ein Teelicht

1 Klebe die Aufkleber auf das Glas.

2 Trage den Klebstoff mit einem Pinsel auf das Gefäß auf und streue Glitzer darauf. Lass es trocknen, bevor du das Teelicht einsetzt.

Mond-Mobile

DU BRAUCHST:

- ★ Tonpapier
- ★ eine Schere
- ★ einen Locher
- ★ einen etwa 80 cm langen Holzstab
- ★ Stoffband oder Baumwollfaden

1 Schneide sieben Mondformen aus dem Tonpapier aus und mache mit dem Locher ein Loch an der Oberseite.

2 Schneide den Faden in fünf Stücke von je 30 cm Länge und hänge je einen Mond daran.

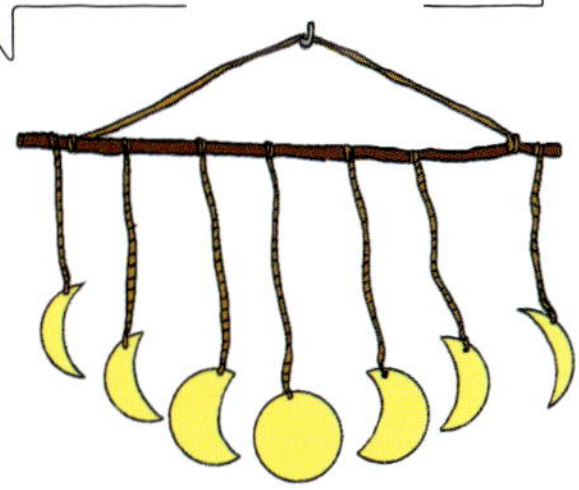

3 Hänge die Fäden mit den Monden mit einem Abstand von 8 cm an den Holzstab.

4 Schneide 1 m Faden ab und knote ihn an beide Enden des Holzstabs, damit du dein Mobile aufhängen kannst.

GARTEN-CHALLENGE

Lege dir einen kleinen Garten an, damit du immer die richtigen Pflanzen für deine Experimente bereit hast!

Lass Samen keimen

Du brauchst:

- eine Untertasse
- ein Wattepad
- Samen
- Wasser
- Blumentöpfe
- Blumenerde

In der Packungsbeilage der Samen erfährst du, wann du sie am besten aussähst.

1. Lege ein in Wasser getränktes Wattepad auf eine Untertasse und streue die Samen darauf. Wässere sie mit einer Sprühflasche statt einer Gießkanne, damit sie nicht zu viel Wasser bekommen.

2. Wenn die Triebe eine Höhe von etwa 5 cm erreicht haben, kannst du die kleineren entfernen, damit die größeren besser gedeihen können.
3. Pflanze die gekeimten Samen vorsichtig in kleine, mit Blumenerde gefüllte Töpfe.

LUSTIGER TIPP

Du kannst die Samen auch auf einen nassen Schwamm streuen, mit einer Schüssel abdecken, in die Sonne stellen und warten, bis sie sprießen. Nach kurzer Zeit hast du einen haarigen Schwamm!

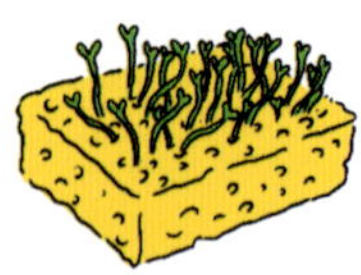

Vermehre deine Pflanzen

Wusstest du, dass du aus einer Pflanze ganz einfach eine neue ziehen kannst? Und das Ganze ist auch noch kostenlos! Schneide einen 10 cm langen Basilikumstängel (ohne Blüte) ab. Stelle ihn ins Wasser und achte darauf, dass die Blätter nicht nass werden. Wechsle das Wasser alle drei bis vier Tage. Nach etwa zehn Tagen bilden sich die ersten Wurzeln. Warte noch zwei Wochen, bevor du dein neues Basilikum in die Erde pflanzt.

Aus vielen Pflanzen, wie Oleander, Lavendel, Flieder, Minze oder Thymian, lassen sich ganz einfach Stecklinge ziehen. Probiere es mit deiner Lieblingspflanze aus und schau, ob es funktioniert!

Rezeptideen

Picknick im Mondschein

Auch wenn man in einem kleinen Haus im Wald wohnt, kann man ein Picknick im Freien genießen!

GEMÜSESPIESSE

Du brauchst:

(für 4 Personen)

- → 2 Karotten
- → 1 Gurke
- → 1 Blumenkohl
- → Cherrytomaten
- → Radieschen
- → Holzspieße
- → 5 Esslöffel saure Sahne
- → 2 Esslöffel Senf
- → 1 Esslöffel Ketchup
- → Salz und Pfeffer

1. Wasche das Gemüse gründlich ab.
2. Schäle die Karotten und die Gurke und schneide sie in dicke Scheiben.
3. Löse die Röschen vom Blumenkohl.
4. Stecke das Gemüse auf die Spieße.

Für die Soße

Vermische saure Sahne, Senf und Ketchup. Gib Salz und Pfeffer hinzu und würze die Soße nach Belieben mit Schnittlauch, Koriander, Basilikum, Curry oder Paprikapulver.

LAKRITZ-BESEN

Du brauchst:

- ➔ Lakritzschnecken
- ➔ Salzstangen

1. Schneide die Lakritze in 4 bis 5 cm lange Stücke.
2. Lege sie rund um ein Ende der Salzstangen und befestige sie, indem du ein Stück Lakritze darum knotest.

PRICKELNDE LIMONADE

Presse die Zitronen aus und gieße den Saft in eine Glasflasche. Gib den Puderzucker dazu und mische beides. Fülle die Flasche mit Sprudelwasser auf und stelle sie in den Kühlschrank. Rühre vor dem Servieren noch einmal um.

Du brauchst:

- ➔ 1 l Wasser mit oder ohne Kohlensäure
- ➔ 3 Zitronen
- ➔ 3–4 Esslöffel Puderzucker

OBSTKORB

Du brauchst:

- ➔ eine Wassermelone
- ➔ Früchte der Saison
- ➔ weißes Marzipan
- ➔ einen Zahnstocher
- ➔ Schokocreme

1. Halbiere eine Wassermelone und höhle sie aus. Würfle das daraus gewonnene Fruchtfleisch.
2. Schneide alle Früchte in Stücke und lege sie zusammen mit den Melonenwürfeln in die Wassermelone.
3. Forme weiße Würmer aus Marzipan und setze mit dem Zahnstocher zwei kleine Augen aus Schokocreme darauf. Verteile die Würmer auf den Früchten. Fertig ist dein fruchtiger Nachtisch!

Basteln & Bauen

Zaubere bunte Blüten

Wusstest du, dass man weiße Blüten bunt färben kann? Hier erfährst du, wie es geht!

Gut zu wissen!

In Gärtnereien kann man blaue Orchideen kaufen, diese sind aber keineswegs natürlich: Damit sie ihre Farbe bekommen, werden sie mit Methylenblau gefärbt. Wenn die blauen Blüten welken und neue nachwachsen, sind diese wieder weiß!

DU BRAUCHST:

- eine weiße Blume (z.B. eine Rose, Margerite, Orchidee oder Chrysantheme)
- eine Gartenschere
- ein Glas lauwarmes Wasser
- Lebensmittelfarbe (blau, rot und gelb)

1

Wähle eine weiße Blume mit einem möglichst langen Stängel.

2

Schneide das untere Ende des Stängels (ca. 2 cm) mit der Gartenschere im 45°-Winkel schräg an.

3 Stelle die Blume in das Wasserglas und gib ein paar Tropfen Lebensmittelfarbe dazu. Je farbiger das Wasser ist, desto bunter wird die Blume.

4 Warte 3 bis 5 Stunden und du wirst sehen, dass die Blume ihre Farbe verändert!

5 Damit deine Blume frisch bleibt, stelle sie, sobald sie den gewünschten Farbton hat, in eine Vase mit sauberem Wasser.

Mit diesen Farbkombinationen kannst du neue Farben mischen:

- Rot + Blau = Lila
- Gelb + Blau = Grün
- Rot + Gelb = Orange
- Rot + Gelb + Blau = Braun

Die Kraft der Steine

Bei der Hexerei und beim Zaubern kannst du auf Steine und ihre unzähligen Kräfte zurückgreifen. Ob du daran glaubst oder nicht, ist dir überlassen!

ACHTUNG: ZWEIDEUTIG

Talismane

Es gibt sie in verschiedenen Formen: als Ring oder Schmuckstück, aber auch als Stein. Damit ein Talisman seine volle Wirkung entfalten kann, muss er dir von einer Person geschenkt worden sein, die dir am Herzen liegt. Oder du hast ihn selbst in der Natur gefunden. Dann musst du ihn personalisieren: Male mit Filzstift oder schwarzer Farbe ein Wort, ein Zeichen oder ein Bild darauf – etwas, das für dich eine Bedeutung hat. Nachdem du den Stein verziert hast, solltest du ihn immer bei dir tragen, damit deine Wünsche in Erfüllung gehen und deine magischen Kräfte sich entfalten.

Gesteinskunde

Die mächtigsten Talismane werden aus Kristallen wie Quarz, Labradorit oder Amethyst hergestellt. Da es aber vor allem darauf ankommt, daran zu glauben, reicht auch ein Kieselstein!

Wie lädt man einen Stein mit Energie auf?

Das Energetisieren eines Steins oder eines anderen magischen Gegenstands ist nicht schwierig! Du musst nur auf den Vollmond warten und deinen Stein an (oder besser vor) ein Fenster legen, damit die Mondstrahlen ihn erreichen.

Runen

Mit Runen die Zukunft vorhersagen!

Du brauchst:

- → 25 kleine Steine
- → einen Filzstift
- → einen kleinen Stoffbeutel

❶ Lass dich von diesem Runenalphabet inspirieren und male auf jeden Stein ein Symbol. Ein Stein bleibt dabei unbemalt. Er steht dafür, dass die Antwort auf deine Frage nach der Zukunft noch nicht bekannt ist.

❷ Schreibe in ein Notizheft neben jedes Symbol dessen Bedeutung. Zum Beispiel: Fest, Energie, Großzügigkeit, Geschenk usw.

❸ Stecke alle Steine in deinen Beutel und ziehe zufällig drei Runen. Lies die Zukunft anhand der Bedeutungen aus deinem Notizheft!

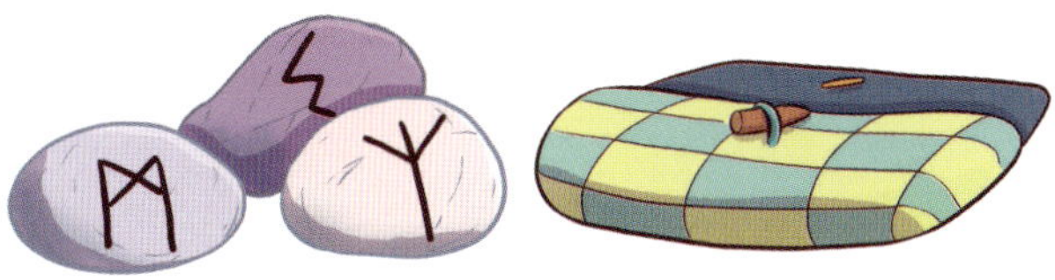

Spiel & Spaß

Magische Spiele

Ihr seid mehrere? Diese Spiele sind perfekt, um sie mit einer Gruppe von Freundinnen und Freunden zu spielen!

Limbo

3 MITSPIELER*INNEN

Ihr braucht einen Besen. Zwei Personen halten den Besen jeweils an einem Ende auf Schulterhöhe fest. Nacheinander müssen die anderen nun versuchen, unter dem Besen durchzukommen, indem sie sich nach hinten beugen. Jedes Mal, wenn es ihnen gelingt, wird der Besen etwas tiefer gehalten!

Hindernisspringen

3 MITSPIELER*INNEN

Auch bei diesem Spiel braucht ihr einen Besen. Das Prinzip ist das gleiche wie beim vorherigen Spiel, aber diesmal wird der Besen knöcheltief gehalten und man muss darüberspringen. Jedes Mal, wenn es gelingt, wird der Besen etwas höher gehalten. So wird es mit jeder Runde schwieriger!

Besenstaffel

4 MITSPIELER*INNEN

Ihr braucht zwei Besen und zwei Hüte. Bildet zwei Teams. Jedes Team bekommt einen Besen und einen Hut. Legt eine Start- und eine Ziellinie fest. Der Staffellauf beginnt damit, dass eine Person aus jedem Team den Hut aufsetzt und auf den Besen steigt. Sie läuft bis zur Ziellinie, kehrt zur Startlinie zurück und übergibt den Staffelstab (Besen und Hut!) an die nächste Person. Das Team, dessen Mitglieder als erste das Rennen beendet haben, gewinnt!

Das längste Wort

3 MITSPIELER*INNEN

1. Die erste Person nennt einen beliebigen Buchstaben, z. B. H.
2. Die Nächste nennt den zweiten Buchstaben und denkt sich dabei ein Wort aus (z. B. E für HEXE).
3. Die anderen machen so weiter, bis man das Wort nicht mehr fortsetzen kann (z. B. HEXENBESEN).
4. Die Person, die es nicht schafft, das Wort fortzusetzen, wird zur bösen Hexe oder zum bösen Zauberer. Niemand darf mehr mit ihr reden. Sie selbst hat aber das Recht zu sprechen und darf alles tun, damit man ihr antwortet! Wenn eine Person sie versehentlich anspricht, wird sie ebenfalls böse.
5. Das Spiel endet, wenn alle bis auf eine Person in böse Hexen verwandelt wurden.

Verhext

4 MITSPIELER*INNEN

Ihr braucht einen Zauberstab und eine Stoppuhr. Das Los entscheidet, wer die böse Hexe oder der böse Zauberer ist. Er oder sie zeigt mit dem Zauberstab auf eine Person und flüstert ihr ins Ohr, in was sie sich verwandeln soll (Werwolf, lahme Katze, schleimige Kröte usw.). Sie muss nun ihren neuen Charakter pantomimisch darstellen und die anderen haben 30 Sekunden Zeit, um zu erraten, was sie ist. Wenn es niemand errät, behält die Hexe oder der Zauberer die bösen Kräfte. Wenn eine Person es herausfindet, wird sie zum Bösewicht und und das Spiel beginnt von Neuem!

Märchenprinz

2 MITSPIELER*INNEN

Ihr braucht:

- eine große Pappe
- kleine Pappstücke
- Filzstifte, Farbe oder Buntstifte
- eine Schere
- Klebeband
- eine Augenbinde

1. Male auf die Pappe einen Frosch mit einer Krone. Vergiss nicht den froschigen Kussmund!
2. Male einen roten Mund auf jedes der kleinen Pappstücke und schneide ihn aus. Befestige doppeltes Klebeband auf der Rückseite eines jeden Mundes.
3. Hänge den Frosch am anderen Ende des Raumes auf und verteile einen Mund an jede Person, die mitspielt.
4. Jede Person muss nun mit verbundenen Augen ihren Mund auf das Maul des Frosches kleben – in der Hoffnung, dass er sich in einen Märchenprinzen verwandelt! Wer mit seinem Mund dem Froschmaul am nächsten kommt, hat gewonnen.

TIPP

Ihr könnt euch auch Lippenstift auftragen und den Frosch tatsächlich küssen!

Die Zukunft vorhersagen

Um ein glaubwürdiges magisches Wesen zu sein, bastle dir einen Zauberstab und sage mithilfe dieser außergewöhnlichen Kekse die Zukunft voraus!

Dein Zauberstab

Du brauchst:

- zwei Pappstücke (15 cm x 15 cm)
- einen Bleistift
- eine Schere oder einen Cutter
- einen Pappstrohhalm
- Kleber
- Farbe
- einen Pinsel

1. Zeichne einen Stern auf eines der Pappstücke und schneide ihn aus.
2. Nimm den ersten Stern als Schablone und zeichne einen weiteren Stern auf das zweite Pappstück.

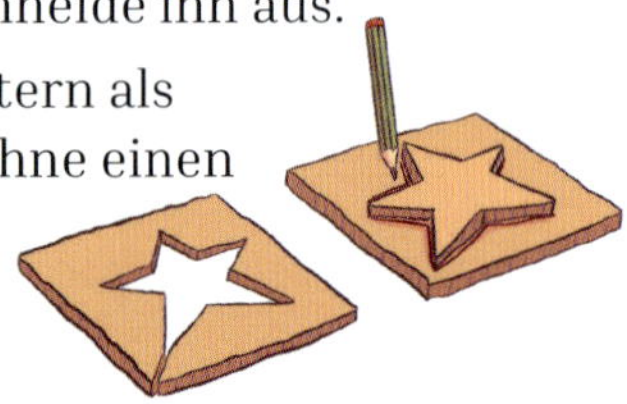

3. Drücke ein Ende des Strohhalms platt.
4. Trage Kleber auf jeweils eine Seite der beiden Sterne auf, lege den Strohhalm mit der platten Seite dazwischen und klebe die Sterne aufeinander. Lege ein schweres Buch darauf und warte ein paar Minuten.
5. Wenn der Kleber getrocknet ist, kannst du deinen Zauberstab noch bunt anmalen.

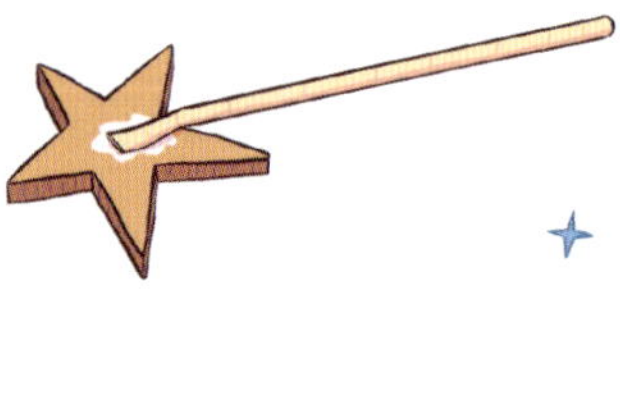

Glückskekse

Du brauchst:

(für 30 Kekse)

- 3 Eiweiß
- 60 g Mehl
- 60 g Puderzucker
- 40 g Butter
- 30 kleine weiße Zettel
- 1 Stift

1. Schlage das Eiweiß zu Eischnee und füge unter Rühren den Puderzucker hinzu.
2. Schmelze die Butter einige Sekunden in der Mikrowelle und rühre sie unter die Masse.
3. Streue Mehl darüber und mische alles, bis ein glatter Teig entsteht.
4. Lass den Teig 15 Minuten ruhen. Heize währenddessen den Ofen auf 180 °C vor und schreibe deine Vorhersagen auf die weißen Zettel.
5. Forme aus dem Teig Kreise mit einem Durchmesser von etwa 8 cm auf einem mit Backpapier ausgelegten Backblech.
6. Schiebe sie für etwa 5 Minuten in den Ofen, bis sie goldbraun sind.
7. Bitte eine erwachsene Person, dir dabei zu helfen, die Zettel in die Kekse zu stecken, bevor der Teig hart wird. Löse die Kekse vom Backblech und lege einen Zettel auf die eine Hälfte des Kreises. Falte den Keks in der Mitte und verschließe ihn, indem du die Ränder aufeinanderdrückst. Biege die Kekse um den Rand einer Schüssel, damit sie mondförmig werden.

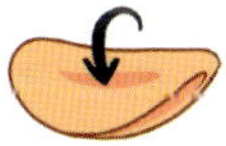

Mögliche Vorhersagen

DIE LIEBE KLOPFT AN DEINE TÜR!

BLEIB SO, WIE DU BIST!

MACH SO OFT WIE MÖGLICH DAS, WAS DU LIEBST.

GIB DEIN BESTES UND ALLES WIRD GUT!

DU WIRST DIESES JAHR EINER WICHTIGEN PERSON BEGEGNEN.

Basteln & Bauen

Zaubertränke

In der Welt der Magierinnen und Magier nehmen Zaubertränke einen besonderen Platz ein. Du kannst mit ihnen auch dein Zimmer dekorieren!

Deko-Fläschchen

DU BRAUCHST:

- durchsichtige Schüsseln, leere Marmeladengläser, Vasen, Gefäße mit Deckel …
- Etiketten
- Filzstifte

Finde für jedes Fläschchen den passenden Inhalt und beschrifte das Etikett mit dem Namen deines Zaubertranks!

Schwimmende Kröte

DU BRAUCHST:

- Wasser
- grüne Farbe (oder blau + gelb)
- Sonnenblumenöl
- eine kleine Plastikkröte

Lege die Kröte auf den Boden eines durchsichtigen Behälters mit Deckel und fülle diesen bis zur Hälfte mit Wasser. Gib ein paar Tropfen Farbe dazu und fülle den Behälter mit Öl auf. Deine Kröte wird sich nun im Wasser hin- und herbewegen!

Gehirne und Koboldaugen

DU BRAUCHST:

- ★ Walnusskerne
- ★ weiße Tischtennisbälle
- ★ verschiedenfarbige Filzstifte

Male verschiedenfarbige Augen auf Tischtennisbälle. Lege diese zusammen mit den Gehirnen aus Walnusskernen in einen Behälter.

Sternenstaub

DU BRAUCHST:

- ★ Mehl
- ★ Glitzer

Schütte das Mehl und den Glitzer in eine Schüssel und fertig ist dein Sternenstaub!

Dracheneier

DU BRAUCHST:

- ★ kleine Zucker-Ostereier

Gib die Eier in ein Glasgefäß und schon bist du fertig!

TIPP

Du kannst noch viele weitere Zaubertränke brauen, je nachdem, was du zu Hause findest: Mische Wasser mit roter Farbe, um Skorpionblut oder einen Liebestrank herzustellen, und mit gelber Farbe, um Fledermaus-Urin anzurühren, bemale eine Vase mit einem Totenkopf für Viperngift usw. ... Vergiss nicht, deine Fläschchen mit lustigen Namen zu beschriften!

Basteln & Bauen

Dein Zauberbuch

Echte Magierinnen und Magier haben ihr Zauberbuch immer griffbereit. So kannst du dir eines basteln:

DU BRAUCHST:

- Karton oder Pappe
- ein eher dickes Notizbuch
- eine Schere
- starken Kleber
- einen Locher
- schwarzen Wollfaden
- Filzstifte oder Farbe

1 Schneide den Karton in zwei Rechtecke, die etwas größer sind als dein aufgeschlagenes Notizbuch (1 cm oben und unten und 2 cm an den Seiten).

2 Stanze mit dem Locher mehrere Löcher in eine Seite jedes Rechtecks.

3 Klebe die beiden Rechtecke auf den Umschlag des Notizbuchs. Lass dabei die Seite mit den Löchern überstehen.

4 Fädle den Wollfaden durch die Löcher der Vorder- und Rückseite deines Buchdeckels.

5 Befestige einen längeren Wollfaden in der Mitte, mit dem du das gesamte Buch umschließen kannst.

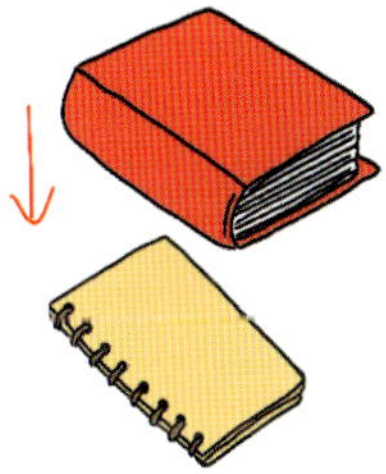

6 Lege dein Zauberbuch unter ein dickes Buch und lass es über Nacht trocknen.

7 Verziere dein Buch am nächsten Tag mit Filzstiften oder Farbe.

Und fertig ist dein Zauberbuch, in das du all deine magischen Rezepte für Zauber- und Liebestränke schreiben kannst!

Tipps & Tests

Kenne deine Stärken

Du musst keine Magie beherrschen, damit sich deine persönlichen Kräfte entfalten. In jedem von uns schlummern ungeahnte Talente!

Bescheidenheit ist gut, aber in Maßen! Es ist nicht immer leicht, ein Kompliment anzunehmen, aber lerne, es zu schätzen, wenn man dich für etwas lobt, und sage anstatt „ach, das war kein Problem!“ lieber „vielen Dank, ich freue mich auch darüber“. Du hast das Recht (oder sogar die Pflicht!), stolz auf dich zu sein und zu wissen, dass du wertvoll bist. Aber sei auch nicht zu selbstgefällig, sonst laufen dir deine Freundinnen und Freunde nach und nach davon!

Nimm ein Notizbuch und schlage es auf einer Doppelseite auf. Schreibe „Meine Erfolge“ als Überschrift hinein. Notiere dir darin ab jetzt alles, auf das du stolz bist. Das kann eine kleine Geste sein, wie z. B. einer älteren Person über die Straße zu helfen, oder eine beeindruckende Leistung, wie im Schwimmbad vom Sprungturm zu springen.

Relativiere deine Schwächen

Kennst du die Redewendung „Sieben Mal hinfallen, acht Mal wieder aufstehen“? Setze sie in die Tat um! Jeder Mensch macht mal einen Fehler. Wichtig ist, daraus zu lernen und den gleichen Fehler nicht zu wiederholen. Verwandle deine kleinen Schwächen in große Stärken: Den Gedanken „Ich bin schlecht und habe keine Freunde“ kannst du einfach umwandeln in „Ich bin schüchtern, aber kann mich gut in andere hineinversetzen“.

Die Grundemotionen

Freude, Wut, Angst und Traurigkeit sind die vier wichtigsten Emotionen. Sie zeigen sich nicht nur in deinem Gehirn, sondern auch in deinem Körper. Die körperlichen Reaktionen (schneller schlagendes Herz oder Tränen) sind deutlich und ermöglichen es dir, dich zu fühlen und dich wieder zu beruhigen.

Spannende Abenteuer

AUFGABEN FÜR DAS JAHR

Mit diesen Aufgaben kannst du dich ein ganzes Jahr lang amüsieren! Spiele mit deinen Freund*innen oder mit deiner Familie und bringe jec Menge Magie in deinen Alltag!

Aufgabe 1

Erfinde eine Zauberformel, die du jeden Morgen vor dem Aufstehen wiederholst, um einen guten Tag zu haben.

Aufgabe 2

Mache ein Selfie mit einer Person, die dir ähnlich sieht.

Aufgabe 3

Sage Personen, die dir wichtig sind, mit in Geheimtinte geschriebenen Nachrichten, dass du sie liebst.

Aufgabe 4

Iss an einem Tag drei Lebensmittel, die du nicht magst.

Aufgabe 5

Bastle eine Wunschbox und lege jede Woche einen Wunsch hinein. Wie viele davon sind am Ende des Jahres in Erfüllung gegangen?

Aufgabe 6

Sammle kleine Steine und schreibe darauf, an was sie dich erinnern.

Aufgabe 7

Finde den besten Ort, um den Sonnenuntergang zu beobachten (bis es dunkel ist!).

Aufgabe 8

Verbringe einen ganzen Tag im Hexen- oder Zaubererkostüm.

Aufgabe 9

Finde das längste Haar auf deinem Kopf.

Aufgabe 10

Organisiere eine Schnitzeljagd für deine Freundinnen und Freunde. Du wirst genauso viel Spaß haben wie sie!

Aufgabe 11

Koche alleine eine Suppe. Ein magisches Wesen weiß, wie man einen Kochtopf benutzt!

Aufgabe 12

Bastle ein magisches Armband (Seite 110–111) und schenke es einer Freundin oder einem Freund.

Aufgabe 13

Tausche die Schnürsenkel deiner Lieblingsschuhe gegen schwarze aus.

Aufgabe 14

Lackiere deine Nägel mit schwarzem Nagellack (am besten am Wochenende oder in den Ferien)!

Aufgabe 21

Bastle dir einen Zauberstab und stecke ihn eine Woche lang in deinen Schulranzen, ohne dass ihn jemand entdeckt.

Aufgabe 20

Ändere deine Frisur: mit Haargummi, Spangen, Haargel, Stirnband usw. Probiere alles Mögliche aus und finde die Kombination, mit der du am meisten wie eine Hexe oder ein Zauberer aussiehst!

Aufgabe 18

Organisiere ein Picknick für die ganze Familie.

Aufgabe 19

Verwandle dein Zimmer in einen magischen Ort.

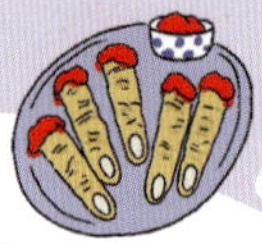

Aufgabe 17

Versuche mit einer Wünschelrute Wasser zu finden (man wird ja wohl noch träumen dürfen, oder?).

Aufgabe 16

Grüße alle Menschen, denen du begegnest, auch wenn du sie nicht kennst.

Aufgabe 15

Lege dich ins Gras und beobachte die Wolken. Mache deinen Kopf frei, um Energie zu tanken! Stell dir verschiedene Formen vor: eine Katzenwolke, eine Krötenwolke, eine Herzwolke usw.

Aufgabe 22

Lerne Zaubertricks und lass alle glauben, dass du magische Kräfte hast.

Aufgabe 23

Mache jemandem ein Geschenk, einfach so, ohne besonderen Anlass.

Aufgabe 24

Auch wenn es keinen Stromausfall gibt – wie wäre es mit einem Abend ohne Elektrizität, wie in alten Zeiten, mit Picknick im Kerzenschein? Gute Stimmung garantiert!

Aufgabe 25

Organisiere eine Shopping-Tour mit deinen drei besten Freund*innen.

Aufgabe 26

Pflücke Pusteblumen (sie sehen aus, als hätten sie kleine Federn) und puste darauf, damit sie im Wind davonfliegen.

Aufgabe 27

Gehe mit einem Hexen- bzw. Zaubererhut auf dem Kopf Brot kaufen.

Aufgabe 28

Wähle mit deinen Freund*innen jeden Montag die „magische Person der Woche“ – sie darf entscheiden, was ihr spielt.

Aufgabe 29

Gehe in den Kleidern deiner Mutter einmal um den Block.

Aufgabe 30

Finde mindestens eine schwarze Katze auf deinem Schulweg.

Verkleidung

Schaurig schön!

Du bist auf der Suche nach kleinen Schönheitstipps oder nach Tricks, wie du dich in eine hässliche Hexe verwandeln kannst? Hier wirst du fündig!

ACHTUNG!

Die Hässlichkeitstipps auf den folgenden Seiten sind nicht ernst gemeint: bitte nicht nachmachen!

1. Regel

Sauberkeit

Nicht zu viel und nicht zu wenig! Du solltest dich nicht zu oft waschen, da dies deiner Haut schaden kann, aber eine Dusche pro Tag ist eine gute Gewohnheit. Mit gut riechenden Seifen und Duschgels kannst du für Abwechslung sorgen. Obwohl es nicht sehr umweltfreundlich ist: Ein Schaumbad (nicht zu voll und nicht zu heiß) sorgt für Entspannung! Echte Hexen waschen sich übrigens nur einmal im Jahr. Ein Moorbad in einer Vollmondnacht reicht ihnen vollkommen!

2. Regel

Ein dezenter Duft

Um gut zu riechen, musst du nicht die ganze Parfümflasche leeren! Ein paar Tropfen hinter den Ohren oder am Hals genügen. Wähle einen leichten, blumigen Duft, damit du nicht die ganze Klasse einnebelst. Und keine Sorge: Wenn du ein Jahr lang nicht geduscht hast, wird dein natürlicher Duft schnell zutage treten! Sollte das nicht reichen, schmiere Schneckenschleim auf deinen Hals und lass ihn trocknen.

3. Regel

Pfirsichhaut

Dein Gesicht ist der Teil deines Körpers, der am stärksten äußeren Einflüssen ausgesetzt ist. Denke also immer daran, es gut zu pflegen und mit Feuchtigkeit zu versorgen. Ob trockene, fettige oder Mischhaut: Für jeden Hauttyp gibt es die passenden Cremes.
Bestimme deinen Hauttyp:

- Sie ist glatt und normal: Cool, dein Hauttyp ist … normal!
- Sie spannt ein wenig und schält sich etwas: Du hast trockene Haut.
- Sie glänzt und neigt zu Pickeln: Deine Haut ist fettig.
- Sie ist trocken, aber fettig auf Stirn, Nase und Kinn: Du hast Mischhaut.

Wenn du feststellst, dass deine Haut im Winter rissig wird, ist das ein gutes Zeichen: Du bist dabei, dich in eine Hexe zu verwandeln!

4. Regel

So vertreibst du lästige Pickel

Es ist wichtig, dass du dein Gesicht täglich mit einem Reinigungswasser oder einer Reinigungsmilch wäschst. Vergiss nicht, zum Schluss eine Feuchtigkeitscreme aufzutragen, auch wenn du fettige Haut hast! Sollte deine Akne sehr stark sein, wende dich an einen Dermatologen! Du hast viele eitrige Pickel und sogar eine Warze, die auf der Nase sprießt? Super, du kommst deinem Ziel näher!

5. Regel

Feenfinger

Keine Zeit, dir die Nägel komplett zu lackieren? Mache mit Nagellack kleine Punkte in einer oder mehreren Farben auf deine Nägel. Vielleicht entscheidest du dich auch für schwarzen Nagellack! Es gibt nur eine Regel: Du darfst dir ab jetzt nicht mehr die Fingernägel schneiden, damit sich möglichst viel Schmutz darunter sammelt!

6. Regel

Drinks für deine Haut

Nicht nur Cremes zaubern dir eine schöne Haut. Indem du viel trinkst, versorgst du deine Haut mit ausreichend Feuchtigkeit.
Welche Flüssigkeit du zu dir nimmst, ist dir überlassen: Fledermaus-Urin, fauligen Apfelsirup, Likör aus Krötenschleim oder lieber einen Vollmondcocktail?

Hausgemachte Pflegeprodukte

Entspanne dich mit diesen selbst gemachten Masken! Vergewissere dich vor dem Auftragen, dass du nicht allergisch darauf reagierst.

Avocado-Gesichtsmaske

Zerdrücke das Fruchtfleisch einer Avocado mithilfe einer Gabel in einer Schüssel. Trage es auf dein Gesicht auf und lass es 5 Minuten einwirken, bevor du es mit kaltem Wasser abspülst.

Kräftige Fingernägel

Pflege deine Fingernägel mit einem Bad aus lauwarmem Wasser, dem Saft einer halben Zitrone und einem Esslöffel Olivenöl. So kannst du sie stärken, reinigen und zum Glänzen bringen!

Avocado-Maske für trockenes Haar

Zerdrücke das Fruchtfleisch einer Avocado mithilfe einer Gabel in einer Schüssel. Füge einen Esslöffel Honig und einen Esslöffel Olivenöl hinzu und mische gut. Trage die Mischung auf dein Haar auf und lass sie etwa eine Stunde einwirken. Wasche und shampooniere deine Haare danach wie gewohnt.

Basteln & Bauen

Spinnen-Mobile

Nichts für Menschen mit Spinnenphobie! Bist du bereit, deinem Zimmer einen neuen Look zu verpassen?

DU BRAUCHST:

- einen Karton
- ein Blatt Papier
- einen Bleistift
- eine Schere
- einen Locher
- schwarze und gelbe Farbe
- einen Pinsel
- zwei Holzspieße
- Baumwollfaden

1 Zeichne vier kleine und eine große Spinne auf ein Blatt Papier.

2 Übertrage die Zeichnungen auf Vorder- und Rückseite des Kartons.

3 Male die Spinnen auf der Vorder- und Rückseite schwarz an und verpasse jeder Spinne zwei kleine gelbe Augen.

4 Schneide die Spinnen aus.

5 Mache mit dem Locher ein Loch in jede Spinne.

6 Halte die beiden Holzspieße gekreuzt und wickle ein Stück Faden um die Mitte.

7 Knote einen längeren Faden daran, an dem du dein Mobile später aufhängen kannst.

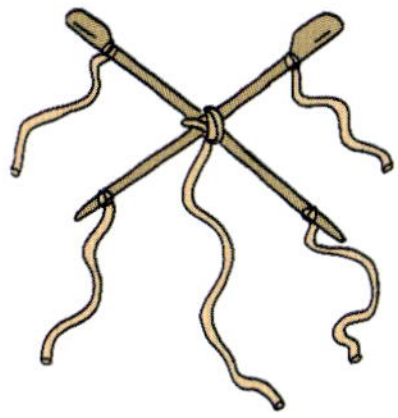

8 Knote fünf weitere Fäden an das Holzkreuz: einen in die Mitte und je einen an die Enden der Holzspieße.

9 Befestige die große Spinne in der Mitte und die vier kleinen rundherum. Nun hänge das Mobile in deinem Zimmer auf!

Spiel & Spaß

Veranstalte ein Quidditch®-Spiel

Organisiere einen spannenden Wettbewerb auf dem Besen und amüsiere dich mit deinen Freundinnen und Freunden wie der weltbekannte Zauberer Harry Potter!

Bei *Harry Potter* …

Quidditch® ist ein gefährlicher, manchmal sogar tödlicher Sport, den J. K. Rowling, die Autorin von *Harry Potter,* erfunden hat. Es handelt sich um eine Mischung aus Rugby und Kricket, mit einer Wechselzone und Torschüssen auf goldene Ringe an hohen Pfosten. Gespielt wird mit zwei Teams aus je sieben Spieler*innen, die einen kleinen, geflügelten Zauberball, den Goldenen Schnatz, erobern müssen. Die Spieler*innen treten während des gesamten Spiels, das Tage oder sogar Monate dauern kann, auf Besen gegeneinander an. Das ovale Spielfeld ist in Nebel gehüllt und befindet sich an einem abgelegenen Ort.

Ziel des Spiels …

… ist es, möglichst viele Punkte zu erzielen: Den Ball durch einen Ring zu werfen, bringt 10 Punkte ein. Wer den Goldenen Schnatz fängt, bekommt 30 Punkte. Das Spiel endet, wenn es einem Sucher gelingt, den Goldenen Schnatz einzufangen. Das Team mit den meisten Punkten gewinnt.

Muggel-Quidditch®

Du brauchst:

- zwei Teams mit je sieben Spielerinnen oder Spielern
- mind. zwei Schiedsrichter*innen: Eine Person trägt den Goldenen Schnatz an ihrem Gürtel.
- ein großes Spielfeld
- vierzehn Besen (oder Holzstäbe, Hockeyschläger ...)
- ein Schild und einen Stift, um die Punktzahlen aufzuschreiben
- vierzehn T-Shirts (für jedes Team eine eigene Farbe), ein gelbes T-Shirt für die Person mit dem Goldenen Schnatz
- einen Goldenen Schnatz: Stecke einen Tennisball in eine Socke und verschließe sie mit einem Knoten.
- einen Quaffel: ein nicht ganz aufgeblasener Ball oder ein Volleyball, den man gut in der Hand halten kann
- drei Klatscher: drei Dodge-Bälle (wie beim Völkerball)
- zwei Tore, bestehend aus drei Ringen, die an unterschiedlich hohen Pfosten angebracht sind: 1 m, 1,50 m und 2 m

Die Teams

Bildet zwei Teams mit je sieben Spielerinnen oder Spielern. Zieht das T-Shirt in der Farbe eures Teams an und steigt auf eure Besen.
Die beiden Teams setzen sich wie folgt zusammen:

- drei Jägerinnen oder Jäger, die versuchen, den Quaffel durch die gegnerischen Ringe zu werfen;
- eine Hüterin oder ein Hüter, die oder der zugleich Jäger*in ist und somit aus der Hüte-Zone herausgehen kann, aber nicht geärgert werden darf;
- zwei Treiberinnen oder Treiber, die versuchen, die Gegenseite mit den Klatschern abzuwerfen;
- eine Sucherin oder ein Sucher, die oder der den Schnatz fangen muss.

Wie spielt man?

Gut zu wissen!

Der Besen muss immer zwischen den Beinen bleiben. Wer ihn fallen lässt, muss zurück zur Basis und dort einen Pfosten berühren, um weiterspielen zu dürfen.

1. Die Jägerinnen und Jäger laufen mit dem Quaffel in der Hand über das Feld und versuchen, ihn durch einen der gegnerischen Ringe zu werfen. Sie dürfen dabei nicht von den Klatschern abgeschossen werden. Wenn sie getroffen werden, müssen sie den Ball abgeben, von ihrem Besen steigen, zum Ende des Spielfelds gehen und dort einen ihrer Pfosten berühren.

2. Wer den Goldenen Schnatz trägt, bewegt sich ohne Besen und kann alles tun, um die Gegenseite zu ärgern, damit sie ihren Besen, den Klatscher oder den Quaffel fallen lässt. Nach der 18. Spielminute kommen die Sucher oder Sucherinnen auf das Spielfeld, um den Goldenen Schnatz zu fangen.

3. Wenn eine Person einen der drei Klatscher erobert, kann sie versuchen, damit jemanden aus dem Gegnerteam zu treffen. Wenn es ihr gelingt, steigt diese Person von ihrem Besen und muss einen ihrer Pfosten berühren, um wieder ins Spiel zu kommen. Da ihr nicht erwachsen seid, ist es nicht erlaubt, der Gegenseite die Klatscher mit vollem Körpereinsatz aus den Händen zu schlagen. Ihr dürft aber kitzeln!

Winterliche Hexensuppen

Verwöhne deine Familie mit einer selbst gekochten Suppe. Das perfekte Gericht, um sich an kalten Wintertagen aufzuwärmen!

ROTE SUPPE

Du brauchst:

(für 4 Personen)

- → 1 Zwiebel
- → 2 Knoblauchzehen
- → 1 Esslöffel Olivenöl
- → 650 g Tomaten
- → 2 Esslöffel saure Sahne
- → Salz und Pfeffer

1. Schneide die Zwiebel und den Knoblauch klein und brate sie 2–3 Minuten in einem Topf mit Olivenöl an.
2. Gib die zerkleinerten Tomaten dazu.
3. Füge so viel Wasser hinzu, bis das Gemüse bedeckt ist.
4. Bringe das Ganze zum Kochen und lass es dann bei mittlerer Hitze 15 Minuten mit geschlossenem Deckel köcheln.
5. Wenn die Zeit um ist, gib die saure Sahne hinzu und verrühre alles.
6. Salze und pfeffre. Du kannst auch einen Teelöffel Zucker hinzufügen, um den Tomaten ihre Säure zu nehmen.

TIPP

Wenn du keine frischen Tomaten hast, kannst du auch Dosentomaten verwenden. Das schmeckt auch lecker!

GRÜNE SUPPE

Du brauchst:
(für 4 Personen)

- → 1 Zwiebel
- → 1 Esslöffel Olivenöl
- → 650 g Zucchini
- → 1 Brühwürfel
- → 1/2 Packung Frischkäse
- → Pfeffer

1. Schneide die Zwiebel in feine Streifen und brate sie 2–3 Minuten in Olivenöl an.
2. Gib die in Stücke geschnittenen Zucchini dazu.
3. Gieße das Ganze mit Wasser auf, bis das Gemüse bedeckt ist, und füge den Brühwürfel hinzu.
4. Lass die Suppe 20 Minuten bei mittlerer Hitze mit geschlossenem Deckel köcheln.
5. Wenn die Zeit um ist, gib den Frischkäse dazu und verrühre alles.
6. Schmecke deine Suppe mit Pfeffer ab. Du kannst auch Kreuzkümmel, Curry oder Muskatnuss dazugeben.

Du kannst deine Suppen natürlich wie gewohnt mit Croûtons, Fadennudeln, geriebenem Käse oder Parmesan verfeinern, aber Hexen und Zauberer schauen gerne mal über den Tellerrand hinaus!

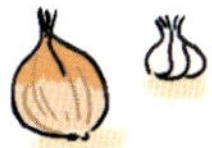

Toppings:

- → Monster-Chips
- → gekochte Spaghetti, die wie Würmer aussehen
- → Mozzarellakugeln und je ein Stück schwarze Olive als schwimmendes Auge
- → ein Spinnennetz aus Sahne: Zeichne mit der Sahne einen Kreis auf die Suppe und ziehe sie mit einem Zahnstocher zu einem Netz.

Tipps & Tests

Lerne, Körpersprache zu deuten

Beeindrucke deine Freundinnen und Freunde, indem du anhand ihrer Gesten errätst, was sie gerade denken!

Was ist Körpersprache?

Unter Körpersprache versteht man all die kleinen Gesten, die wir bewusst oder unbewusst machen. Sie geben Auskunft über unseren Gemütszustand oder unsere Gedanken. Wenn du die Hände, die Beinhaltung, das Gesicht oder die Füße von anderen beobachtest, erfährst du mehr über ihre Persönlichkeit.

Kleine Zeichen

Wenn die andere Person beim Sprechen die Augen in alle Richtungen bewegt, ist die Wahrscheinlichkeit hoch, dass sie dich anlügt (es sei denn, sie hat ein echtes Problem mit den Augen – in diesem Fall sollte sie einen Augenarzt aufsuchen).

Wenn du beobachtest, dass eine Person sich beim Sprechen eine Haarsträhne hinters Ohr streicht, ist das ein Zeichen für Selbstbewusstsein: Die Person ist gut auf das konzentriert, was sie erzählt (es sei denn, sie hat wirklich eine widerspenstige Strähne, die sie stört!).

Wenn jemand während eines Gesprächs die Arme verschränkt, zeigt das, dass die Person gerade nicht offen für eine Diskussion ist (es sei denn, ihr ist so kalt, dass sie ihre Hände unter den Achseln wärmen muss!).

Wenn sich dein Gegenüber an den Fingernägeln kaut, ist das ein Zeichen für Nervosität. Wenn sie an der linken Hand kaut, ist es etwas Persönliches, das sie beschäftigt. Wenn sie an der rechten Hand kaut, stört sie etwas an der Situation, in der sie sich gerade befindet (es sei denn, sie hat einen abgebrochenen Fingernagel, den sie zu beseitigen versucht, um niemanden damit zu kratzen!).

Wenn eine Person sich an die Nasenspitze fasst, während du mit ihr sprichst, bedeutet das, dass sie sehr interessiert ist an dem, was du ihr erzählst (es sei denn, sie hat gerade eine allergische Reaktion!).

Basteln & Bauen

Stelle Schleim her

Aus diesen Zutaten kannst du eine Substanz mischen, die wie zähflüssiger Krötenschleim aussieht!

DU BRAUCHST:

- eine erwachsene Person
- Gummihandschuhe
- zwei Esslöffel flüssigen, weißen Vinylkleber (z. B. Cléopâtre®)
- einen Esslöffel Rasierschaum
- eine Schüssel
- einen Löffel
- gelbe und blaue Lebensmittelfarbe
- 15–20 Tropfen Kontaktlinsenflüssigkeit
- Schutzbrille

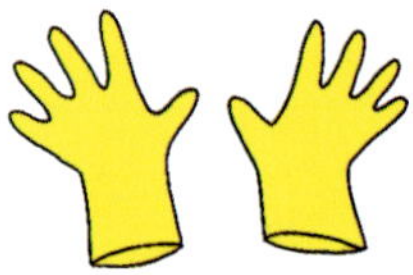

1 Ziehe die Gummihandschuhe an und gib den Klebstoff in eine Schüssel. Füge den Rasierschaum hinzu und vermische beides mit dem Löffel.

2 Mische gelbe und blaue Lebensmittelfarbe, damit du Grün erhältst, und rühre sie in die Mischung aus Klebstoff und Rasierschaum.

3

Füge die Kontaktlinsenflüssigkeit unter Aufsicht einer erwachsenen Person hinzu, da es beim Mischen der Inhaltsstoffe zu einer chemischen Reaktion kommt, die deine Augen reizen kann. Besser ist, wenn du eine Schutzbrille trägst. Verrühre alles mit dem Löffel.

TIPPS

Wenn dein Schleim zu klebrig ist, füge etwas mehr Kontaktlinsenflüssigkeit hinzu und knete ihn gut durch.

Je mehr Rasierschaum du benutzt, desto fluffiger wird dein Schleim.

Mische Glitzer in den Schleim!

Gut zu wissen!

Auf Englisch heißt „Schleim" *slime*!

Die Sternzeichen

Sternzeichen können Hinweise auf den Charakter eines Menschen geben. Ob du daran glaubst oder nicht, ist dir überlassen!

Die Wissenschaft

Indem sie die Sterne miteinander verbanden, haben Astronomen dreizehn Tierkreiszeichen des Zodiaks bestimmt: die zwölf Sternzeichen und ein dreizehntes Sternbild namens Schlangenträger oder Ophiuchus.

Die zwölf Sternzeichen

Jedem Sternzeichen werden besondere Charaktereigenschaften zugeschrieben. Suche dein Sternzeichen in der Liste und prüfe, ob die Astrologie recht hat!

Feuerzeichen

Widder: Wie das Tier stürmt dieses Sternzeichen voller Energie ins Leben.

Löwe: Menschen mit diesem Sternzeichen sind leidenschaftlich, lieben das Licht, das Spiel und Diskussionen. Sie blicken optimistisch in die Zukunft.

Schütze: Schützen sind kämpferisch und haben die nötige Energie, ihr Leben selbst in die Hand zu nehmen.

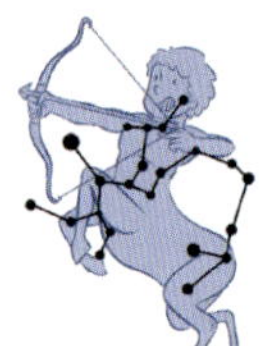

Erdzeichen

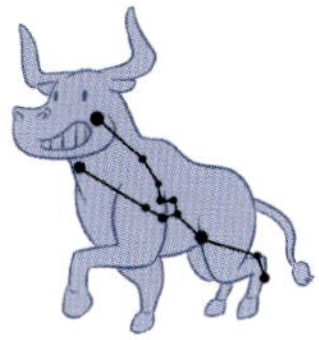

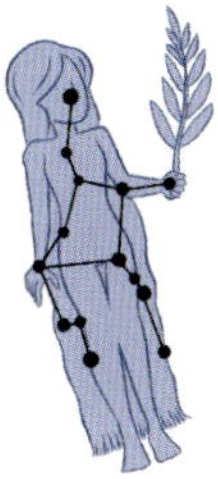

Stier: Mit seiner besonnenen Art gilt er als zuverlässiger Mensch, der sehr gewissenhaft arbeitet.

Jungfrau: Sie gilt als ernste Person, die es vorzieht, diskret zu bleiben und Situationen zu analysieren, bevor sie handelt.

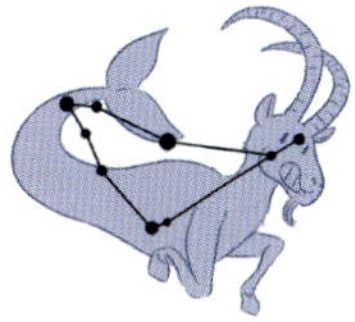

Steinbock: Er braucht jede Menge Leute um sich herum. Freunde und Familie haben bei ihm oberste Priorität!

Luftzeichen

Zwillinge: Sie sind lebensfroh, lustig und entspannt und sehen das Leben von der positiven Seite!

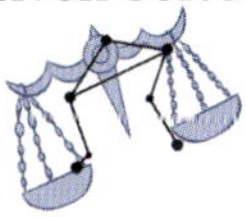

Waage: Unter diesem Sternzeichen geborene Menschen sind aufrichtig und haben einen starken Sinn für Gerechtigkeit. Es fällt ihnen manchmal schwer, sich zu entscheiden.

Gut zu wissen!

In der chinesischen Astrologie gibt es zwölf Tiere, die in einem Zyklus von zwölf Jahren jeweils einem Jahr zugeordnet werden: Ratte, Büffel, Tiger, Hase, Drache, Schlange, Pferd, Ziege, Affe, Hahn, Hund und Schwein.

Wassermann: Mit ihm wird es nie langweilig! Er ist immer auf der Suche nach neuen Entdeckungen.

Wasserzeichen

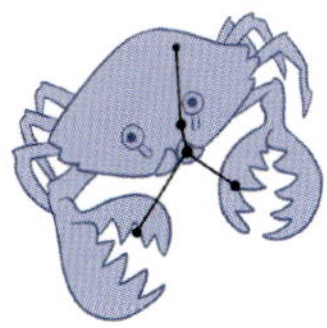

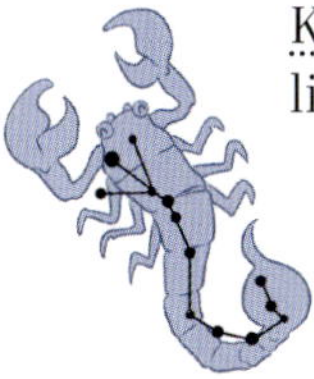

Krebs: Sie sind ruhige Menschen und verbringen ihre Zeit lieber im Kreise der Familie als mit vielen Freund*innen.

Skorpion: Es ist nicht leicht, den Panzer dieses geheimnisvollen und sensiblen Sternzeichens zu durchbrechen!

Fische: Oft ein bisschen verträumt und emotional, gehen Menschen mit diesem Sternzeichen ihr Leben gerne ruhig an.

Spiel & Spaß

Gruselige Spiele und Geschichten

Lade dir Gäste in dein Zimmer ein und gruselt euch so richtig!

Ambiente

Sorge für eine gruselige Stimmung, indem du die Fensterläden und Vorhänge in deinem Zimmer schließt. Stelle ein Paar Schuhe von deinem Vater unter den Vorhang. Schiebe ein Kissen und einen Ball unter deine Bettdecke und lege einen Hexen- oder Zaubererhut darauf, damit es aussieht wie ein Kopf. Verteile unechte Spinnen in deinem Zimmer. Du solltest dein Zimmer supergruselig machen, bevor deine Gäste kommen!

Vorlesestimme

Achte auf deinen Tonfall, wenn du eine Geschichte erzählst. Flüstere und stelle deine Stimme tiefer, damit du beim Höhepunkt der Geschichte deine Freundinnen und Freunde erschrecken kannst, indem du plötzlich lauter sprichst.

Überraschung!

2 SPIELER*INNEN

Bitte eine Freundin oder einen Freund, die Augen zu schließen, während du eine gruselige Geschichte erzählst. Bereite den Überraschungseffekt vor, indem du unauffällig eine Feder und einen nassen Schwamm neben dich legst. Erzähle eine Geschichte von einer Hexe, die einen Zaubertrank zubereitet und dafür eklige Zutaten in ihren Topf wirft. An der Stelle, an der sie ein ungerupftes Huhn hinzufügt, kitzle dein Gegenüber mit der Feder. Und wenn schleimige Schnecken an der Reihe sind, halte der Person den feuchten Schwamm in den Nacken. Ekelfaktor garantiert!

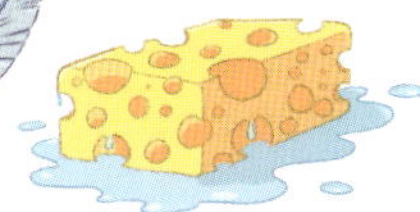

Witze und Rätsel mit Gruselgarantie

Was haben Hexen, Mumien, Vampire, Kobolde und Zombies gemeinsam?

Den Buchstaben „e“.

Dracula im Restaurant: „Ich bringe Ihnen die Speisekarte“, sagt der Kellner. „Nein, geben Sie mir lieber die Gästeliste!“, antwortet Dracula.

Warum fliegen Hexen auf Besen?

Weil Staubsauger zu teuer sind.

Ich hinterlasse eine besondere Spur, an der man sieht, wo ich mich aufhalte. Ich habe ein paar Beine mehr als andere und bringe die Menschen zum Schreien.
Was bin ich?

Eine Spinne.

Eine kleine Vampirfledermaus kehrt blutüberströmt und benommen in ihre Höhle zurück und macht sich bereit für ein Nickerchen. Doch die anderen Fledermäuse, die durch den Blutgeruch wach geworden sind, wollen wissen, wo sie diesen kostbaren Nektar gefunden hat. „Lasst mich schlafen!“, ruft die blutverschmierte Fledermaus. „Komm schon, sei nett und verrate uns, woher du das ganze Blut hast!“, betteln die anderen. Schließlich erbarmt sich die Fledermaus und bittet die anderen, ihr zu folgen. „Seht ihr den Baum dort?“, fragt sie. „Ja!“, rufen die anderen und lecken sich die Mäuler. „Nun, ich bin umhergeflattert und habe ihn übersehen“, erklärt die blutende Fledermaus.

Basteln & Bauen

Giftige Girlande

Bastle eine Girlande aus giftigen Pilzen. Wehe dem, der sie berührt!

DU BRAUCHST:

- 8 quadratische Origami-Papiere (15 cm x 15 cm)

1 Lege ein Papier mit der farbigen Seite nach unten auf den Tisch. Falte das obere Drittel nach unten.

2 Drehe das Papier um und falte das rechte Drittel nach links.

3 Öffne das so entstandene Quadrat, indem du das Papier nach rechts außen faltest. Streiche die Kanten in Form eines Dreiecks glatt.

4 Falte nun das linke Drittel nach rechts.

5 Öffne das Quadrat nach links außen und streiche die Kanten glatt.

6 Drehe dein Modell um – und schon ist dein erster Pilz fertig! Du kannst noch etwas Kleber in die Mitte geben, damit der Pilz nicht aufgeht. Falte sieben weitere Pilze auf dieselbe Weise.

DU BRAUCHST:

- deine acht Papier-Pilze
- 2 m Schnur
- starken Klebstoff
- acht Wäscheklammern
- zwei Reißnägel

Aufhängen

1. Breite die Schnur auf dem Tisch aus und lege die Pilze darauf.

2. Gib etwas Klebstoff auf jeden Pilz und klebe ihn damit an die Schnur. Befestige das Ganze mit einer Wäscheklammer, bis der Kleber getrocknet ist.

3. Nimm die Wäscheklammern ab, wenn der Kleber getrocknet ist. Wenn du es schön findest, kannst du sie aber auch dran lassen!

Nun kannst du die Girlande mit den Reißnägeln in deinem Zimmer aufhängen. Oder du bittest eine erwachsene Person, sie an beiden Enden festzunageln.

Basteln & Bauen

Frosch-Bilboquet

Anstatt eine schleimige Kröte zu adoptieren, kannst du dir dieses Geschicklichkeitsspiel basteln!

DU BRAUCHST:

- schwarzes Tonpapier
- grünes Tonpapier
- eine Schere
- Kleber
- eine leere Klopapierrolle
- grüne Farbe
- einen Pinsel
- zwei Wackelaugen (optional)
- eine 20 cm lange Schnur

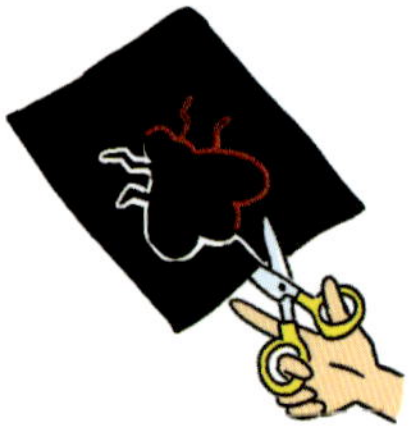

1 Zeichne eine Fliege auf das schwarze Papier und schneide sie aus.

2 Male die Klopapierrolle grün an. Drücke ein Ende der Rolle zusammen.

3 Schneide aus dem grünen Papier vier Froschbeine aus und klebe sie an die Klopapierrolle.

4

Klebe ein Ende der Schnur auf der nicht flach gedrückten Seite in die Rolle und das andere Ende auf die Fliege.

5

Klebe die Wackelaugen auf den Frosch oder male selbst Augen darauf.

Dein Frosch ist vollendet! Ziel des Spiels ist es, ähnlich wie beim Bilboquet die Fliege mit dem Maul des Frosches zu fangen!

Freundschaftsrituale

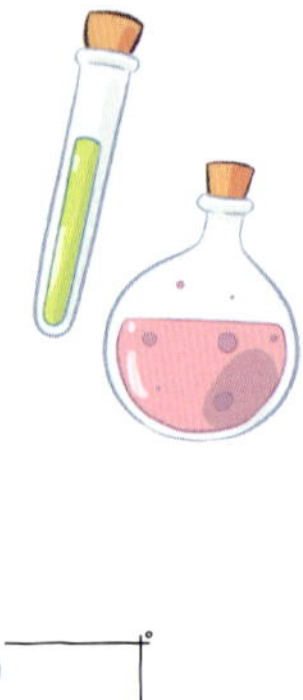

Freundschaften sind wertvoll! Lade deine besten Freundinnen und Freunde zu einem magischen Treffen ein und lese ihnen aus der Hand.

Zauberspray

Versprühe Magie mit diesem speziellen Zauberspray.

Fülle ein Sprühfläschchen mit Wasser, Glitzer und zwei oder drei Tropfen ätherischem Öl. Denke dir einen Zauberspruch aus und sprühe mit dem Spray um dich. Drücke die Daumen, dass es funktioniert!

Du brauchst:

- ein leeres Sprühfläschchen
- ein paar Tropfen ätherisches Öl (z. B. Lavendel oder Zitrone)
- Glitzer

Lerne Handlinien lesen!

Alle Hände (oder fast alle!) haben vier klar abgegrenzte Linien: die Herzlinie, die Kopflinie, die Schicksalslinie und die Lebenslinie.

A Die Herzlinie: Sie verläuft unterhalb der Finger und gibt uns Auskunft über unser Liebesleben. Je deutlicher und farbiger sie ist, desto mehr Gefühle zeigt man und desto selbstbewusster ist man.

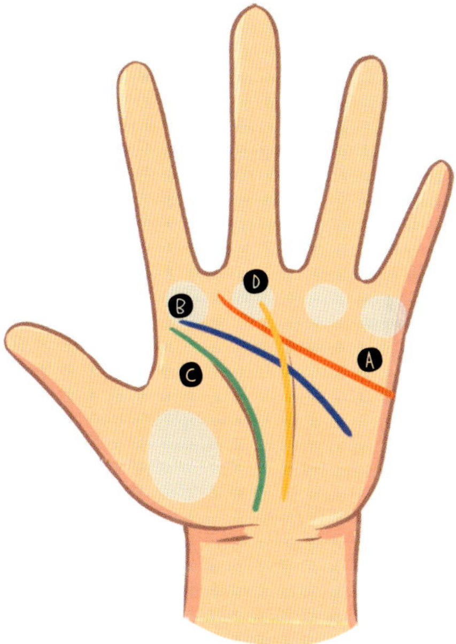

B Die Kopflinie: Sie beginnt oft an der gleichen Stelle wie die Lebenslinie und spiegelt unsere Intelligenz, Kreativität, Anpassungsfähigkeit und unser Wissen. Wenn sie unterbrochen ist, zeigt dies, dass es uns manchmal an Logik fehlt, dass wir naiv sind oder oft Dinge vergessen.

C Die Lebenslinie: Sie befindet sich über dem Daumen und steht für Vitalität, Wohlbefinden und Gesundheit. Wenn sie lang, tief und ausgeprägt ist, ist dies ein Zeichen für gute Gesundheit und Widerstandsfähigkeit. Sie zeigt aber zum Glück nicht an, wie lange wir leben – das wäre auch etwas beängstigend!

D Die Schicksalslinie: Sie gibt uns Auskunft über zukünftige Erfolge und Misserfolge. Bei manchen Menschen fehlt diese Linie, was darauf schließen lässt, dass sie nicht allzu viel Glück im Leben haben. Ist sie stark ausgeprägt, hat der Mensch viele freundschaftliche Beziehungen! Wenn eine Person zwei Schicksalslinien hat, kann sie sich glücklich schätzen! Sie ist beliebt und gesund und führt ein erfülltes Leben. Kurz gesagt: Das Leben meint es gut mit ihr!

Basteln & Bauen

Magische Freundschaftsbänder

Um eure Freundschaft zu besiegeln, kannst du für deine Freundinnen und Freunde Armbänder basteln.

Armband mit Botschaft

DU BRAUCHST:

- Schnur
- Buchstabenperlen

1 Fädle die Buchstabenperlen so auf die Schnur, dass ein Name, ein Zauberwort oder eine Botschaft entsteht, wie z.B.: love, cool, happy, BFF, Magie, Wunsch, Vertrauen etc.

2 Verschließe das Armband mit einem Knoten an deinem Handgelenk.

Glücksbringer-Armband

DU BRAUCHST:

- ein 25 cm langes Stoffband
- dünnen Draht
- Nähgarn (neonfarben, wenn möglich)
- Glöckchen oder Glücksbringer als Anhänger

1 Wickle den Draht um den Stoff und fixiere das Ganze, indem du es mit Nähgarn umwickelst.

2 Befestige ein Glöckchen oder einen Anhänger als Glücksbringer daran und knote es um dein Handgelenk.

Perlmutt-Armband

DU BRAUCHST:

- einen Knopf aus Perlmutt mit zwei Löchern
- 30 cm bunte Schnur

1 Fädle den Knopf in der Mitte der Schnur auf.

2 Verschließe das Armband mit einem Schiebeknoten.

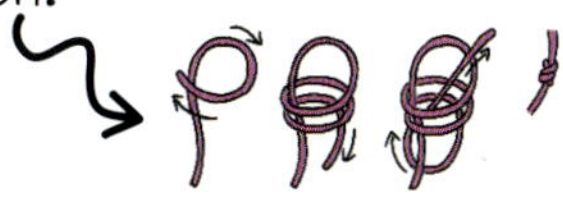

Knopf-Armband

DU BRAUCHST:

- eine elastische Schnur
- etwa fünfzehn Knöpfe

1 Mache einen Knoten an einem Ende der Schnur. Lass etwas Platz, um das Armband später schließen zu können.

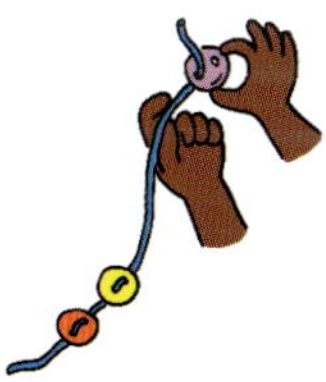

2 Fädle die Knöpfe auf, indem du mit der Schnur abwechselnd von unten nach oben durch die Löcher gehst. Nimm so viele Knöpfe, dass sie um dein Handgelenk herumreichen.

3 Mache einen Knoten hinter dem letzten Knopf, damit nichts verrutscht.

4 Verschließe das Armband, indem du die beiden Enden verknotest.

Tipps & Tests

10 unheimliche Tiere

Hier sind die Top 10 der Tiere, die Hexen und Zauberer am allerliebsten haben.

1 Glasfrosch

Die Wahrscheinlichkeit, dass wir ihm in unseren Breitengraden begegnen, ist nicht allzu hoch, da er vor allem in Mittelamerika lebt. Der Name dieses 2–3 cm kleinen grünen Frosches mit durchscheinendem Körper kommt nicht von ungefähr: Die Haut seines Bauches lässt seinen Magen, die Venen und sein Herz durchscheinen.

2 Wolf

Wie Hexen und Zauberer leben auch Wölfe meist in abgelegenen Wäldern. Sie jagen gerne, greifen aber keine Menschen an (Hexen und Zauberer hingegen schon!). Wölfe waren bereits vom Aussterben bedroht, heute gibt es aber wieder mehrere von ihnen.

3 Axolotl

Dieses merkwürdige Tier hat Pfoten mit Fingern, einen kleinen Bauch, einen Larvenschwanz und Kiemen auf beiden Seiten des Kopfes. Es bleibt sein Leben lang eine Larve und wird nie erwachsen. Wenn die Amphibie verletzt wird, repariert sie sich selbst! Der Schwanz ist abgerissen? Kein Problem: Er wächst innerhalb eines Monats wieder nach (man sagt, er regeneriert sich). Was für eine Superkraft!

4 Eule

Die Eule kann im Dunkeln sogar die kleinsten Kreaturen erkennen. Sie jagt nachts und ist gefürchtet! Hexen und Zauberer glauben, sie sei weise.

5 Rabe

Raben schlafen in der Nacht. Doch der große schwarze Vogel mit seinem kräftigen Körper jagt uns einen kalten Schauer über den Rücken, wenn er über unseren Köpfen kreist!

6 Fledermaus

Fledermäuse senden Ultraschallwellen aus, mit denen sie die Anwesenheit von Beutetieren erkennen können. Faszinierend!

7 Spinne

Spinnen sehen furchterregend aus, dabei sind sie eigentlich klein und harmlos. Ihre spiralförmigen Netze stellen sie aus einem klebrigen Faden her, den sie absondern. Sie setzen sich in die Mitte ihres Netzes und lauern auf Beute, die ihnen in die Falle tappt.

8 Kröte

Die Kröte hat eine lange, klebrige Zunge, die sie nach vorn schnellen lässt, um Insekten zu fangen. Ein Happs und sie sind weg!

9 Schlange

Sie hat keine sichtbaren Ohren, aber mit ihrem Innenohr, dass sich in der Nähe ihres Unterkiefers befindet, nimmt sie die Vibrationen des Bodens wahr und erkennt so Gefahren ... oder auch ein Festmahl!

10 Katze

Echte Hexen und Zauberer kommen nicht ohne eine elegante, geheimnisvolle, schwarze Katze aus.

Basteln & Bauen

Ein Herz für Vögel

Die Eule ist das ideale Haustier für Hexen und Zauberer! Aber leider frisst sie ihre Beute bei lebendigem Leib, sodass man ihr nicht beim Fressen zusehen kann. Das muss dich jedoch nicht davon abhalten, dich um andere Vögel zu kümmern!

Gemütliche Futterstelle

DU BRAUCHST:

- eine leere Safttüte
- einen Cutter
- einen Schraubenzieher
- einen dünnen Stab
- Klebstoff
- Schnur
- trockenes Herbstlaub
- Reisig
- Körner

1 Spüle die Safttüte gründlich aus und lass sie trocknen.

2 Schneide bzw. bohre mithilfe einer erwachsenen Person drei Löcher in den unteren Teil der Safttüte:

- ein großes Loch als Eingang;
- darunter ein Loch durch Vorder- und Rückwand für die Sitzstange.

3 Schiebe den Stab durch die kleinen Löcher.

4 Klebe Laub auf die Safttüte und befestige den Reisig oben drauf als Dach.

5 Binde das Futterhäuschen mit der Schnur an einen Baumstamm.

6 Befülle es mit den Körnern. Schon bald werden die ersten Vögel kommen, um sich zu stärken!

Köstliche Meisenknödel

DU BRAUCHST:

- 200 g Margarine
- Vogelfutter oder Trockenfrüchte: Sonnenblumenkerne, gehackte Nüsse, Haferflocken, Rosinen, Mandeln …
- eine Schnur
- einen leeren Joghurtbecher

1 Schmelze die Margarine in einem Topf und gib die Körner dazu, wenn sie flüssig ist.

2 Mache eine Schlaufe in die Schnur. Gieße die Körnermischung in den Joghurtbecher und lege die Schnur hinein. Die Schlaufe muss oben bleiben – an ihr wird der Meisenknödel später aufgehängt.

3 Wenn die Masse fest geworden ist, nimm sie aus der Form und hänge deinen Meisenknödel an einen Ast (hoch genug, damit die Vögel beim Fressen nicht von der Katze gestört werden).

Spiel & Spaß

Chinesische Schatten

Chinesische Schattenspiele sind nicht nur was für kleine Kinder! Lerne mit deinen Freundinnen und Freunden die Grundlagen, denkt euch eine gruselige Geschichte aus und erzählt sie euch im Mondlicht.

Du brauchst:

- deine Hände und die deiner Freundinnen und Freunde
- einen dunklen Raum
- eine weiße Wand
- eine Taschenlampe

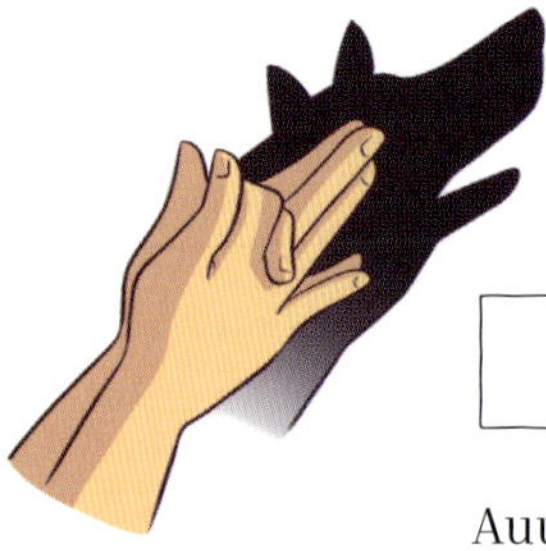

Wolf

Auuuh! Wer heult da in der Nacht und wird sich gleich in einen Werwolf verwandeln?

Vogel

Bewege die Flügel, um ihn davonfliegen zu lassen!

Spinne

Keine Panik, diese hier ist vollkommen harmlos ...

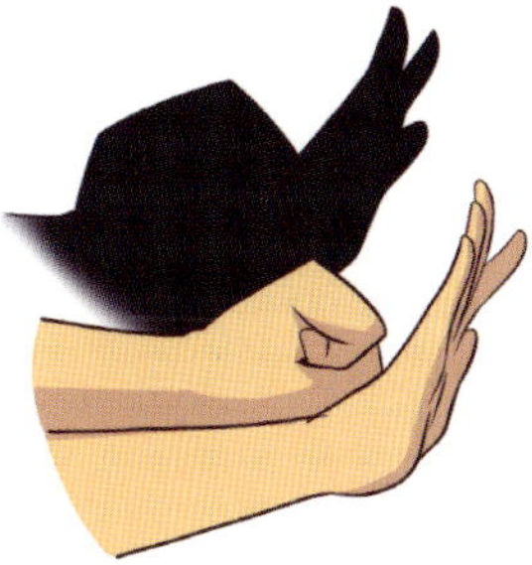

Schnecke

Lass die Schnecke langsam kriechen und bewege ihre Fühler, indem du mit den Fingern wackelst.

Hirsch

Ahme das Röhren eines Hirsches nach, so kommt die richtige Stimmung auf!

Krokodil

Bewege deine Hände auseinander, damit sich das Maul des Krokodils öffnet!

Katze

Vergiss die beste Freundin der Hexen und Zauberer nicht und lass sie mit den Ohren wackeln. Gar nicht so einfach!

Überlegt euch, wie ihr andere Tiere mit den Händen darstellen könnt! Oder versucht es einmal mit den Füßen!

Basteln & Bauen

Dein Traumfänger

Hänge einen Traumfänger in deinem Zimmer auf, damit du selig schlafen kannst! Er vertreibt Albträume und fängt schöne Träume ein. Du musst nur daran glauben!

DU BRAUCHST:

- einen Metallring mit 20 cm Durchmesser (gibt es im Bastelladen)
- 4 m Baumwollfaden
- Kleber
- einen Locher
- eine Schere

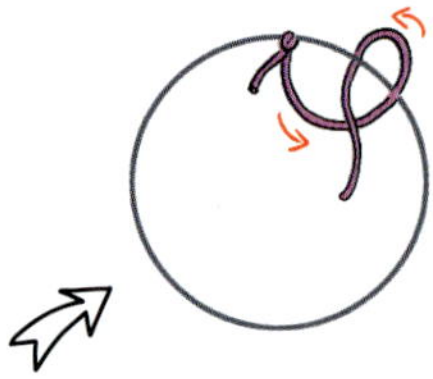

1

Knote den Faden an den Metallring. Mache eine Kugel aus dem Faden (ohne dass er sich verknotet). Halte den Anfangsknoten fest, wickle den Faden von außen um den Metallring und führe die Fadenkugel durch die so entstandene Schlaufe. Ziehe den Faden straff.

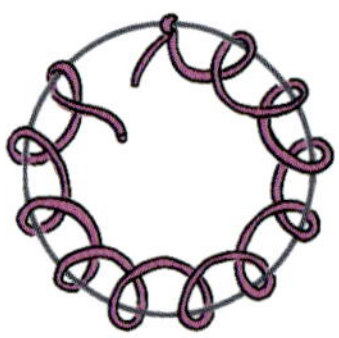

2

Gehe so mit dem Faden um den ganzen Ring.

3

Wenn du einmal rum bist, mache dich an die zweite Reihe und fädle die Fadenkugel durch die Schlaufen der ersten Runde. Gehe mit dem Faden wieder um den ganzen Ring.

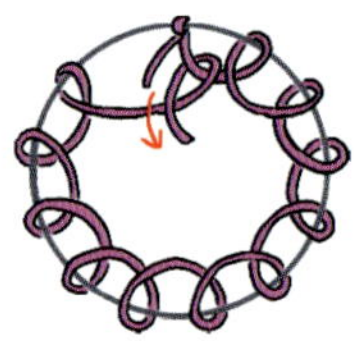

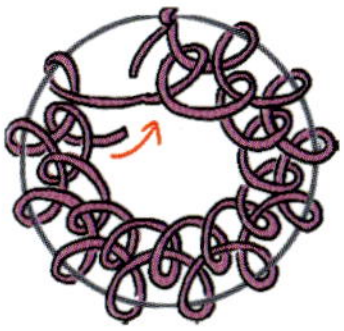

4 Mache so viele Runden, bis du in der Mitte angekommen bist. Verknote dann den Faden, um dein Werk zu fixieren.

5 Knüpfe einen Faden oben an den Ring, damit du den Traumfänger aufhängen kannst.

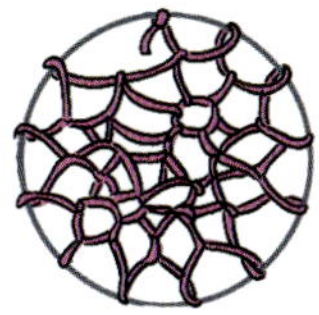

6 Binde drei oder mehr Baumwollfäden unten an den Metallring und befestige daran die Anhänger deiner Wahl (Seite 125).
Du kannst sie lochen oder direkt auf den Faden kleben.

Verkleidung

Hexen-Mode

Lass dich bei deinem Outfit von berühmten Hexen inspirieren! Es braucht nicht viel, um deinem Look einen „Hexen-Touch" zu verleihen ...

Wie Hermine Granger

Als Unterteil kannst du einen Faltenrock nehmen, wie bei einer englischen Schuluniform; oben passt ein weißes Hemd mit einem grauen Pullover darüber. Wenn du dich traust, kannst du deinen Look mit einer Clubkrawatte vervollständigen! Bei der Frisur setzt du am besten auf Locken. Diese kannst du mit einem Glätteisen machen oder indem du dein feuchtes Haar zu einem Zopf flechtest und über Nacht trocknen lässt. Am nächsten Tag ist der Welleneffekt garantiert! Zum Schluss noch eine Haarspange rechts und links von deinem Gesicht – fertig!

Wie Melusine

Kleide dich von Kopf bis Fuß in Schwarz (z. B. Leggings und ein langärmliges Oberteil) und ziehe ein buntes Top oder Trägerkleid darüber. Wenn du noch einen Schritt weitergehen willst, kannst du dein Outfit mit einem Hut ergänzen, der zur Farbe deines Oberteils passt – das könnte aber auch etwas übertrieben wirken!

DIPLOM FÜR HEXEN UND ZAUBERER

Glückwunsch! Du hast mit Mut und Verstand an den Prüfungen teilgenommen und alle mit Bravour bestanden. Du hast deinen Anteil des Schatzes verdient!

Verliehen an:

Spiel & Spaß

Würfel des Grauens

WAHRHEIT

Nenne jeder Person ihre drei größten Fehler und ihre drei schönsten Eigenschaften.

WAHRHEIT

Erzähle, was das Verrückteste war, das du je erlebt hast.

WAHRHEIT

Was ist dir lieber: jeden Morgen mit einer Warze auf der Nase aufwachen, die aber nur eine Stunde bleibt, oder den ganzen Tag eine krumme Nase haben?

PFLICHT

Mache dir ein hässliches Gesicht, indem du deine Haut auseinander ziehst und mit Klebeband fixierst.

PFLICHT

Erzähle eine Gruselgeschichte mit einem Finger im Mund. Erzähle sie dann noch einmal mit zwei Fingern im Mund.

PFLICHT

Lass dich eine Minute lang frisieren. Alles ist erlaubt, damit du richtig schaurig aussiehst!

Sobald alle Wahrheiten auf dem Würfel enthüllt sind, könnt ihr euch neue ausdenken!

Basteln & Bauen

Dein Traumfänger

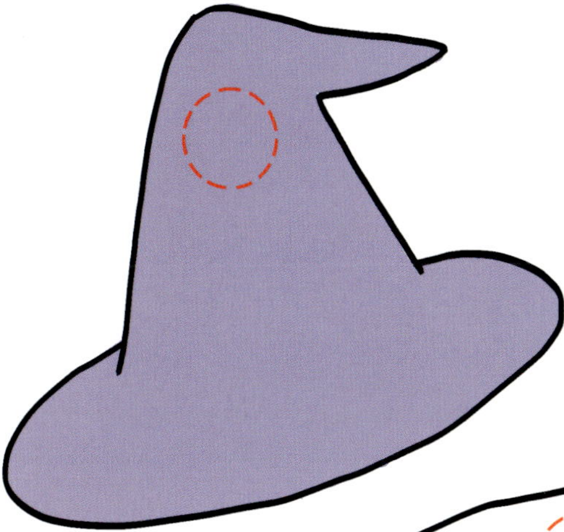
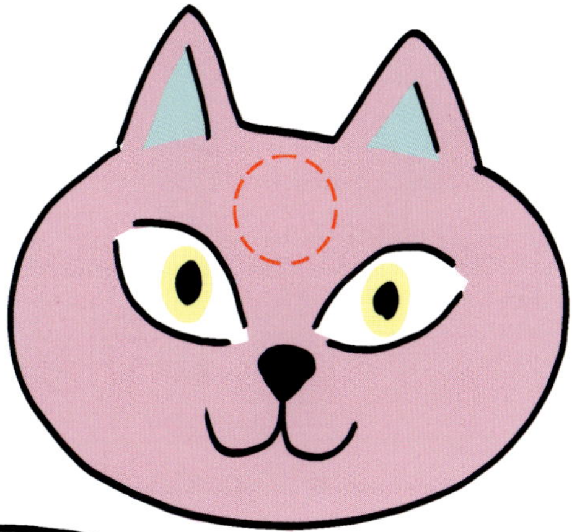
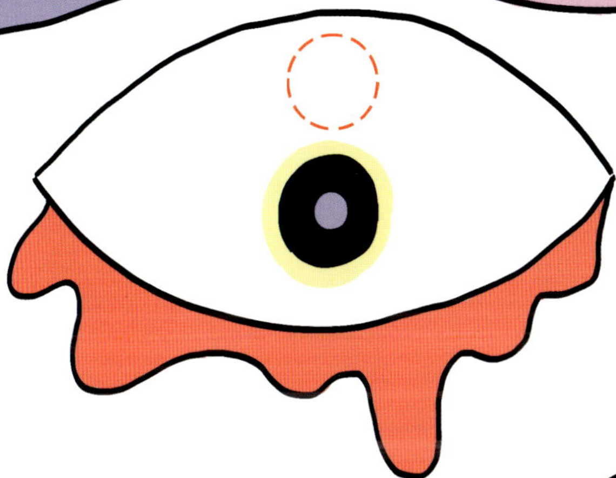
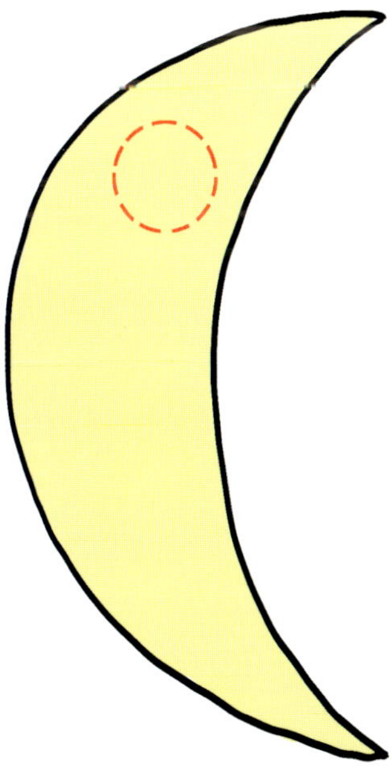

Die Originalausgabe erschien 2023 bei Larousse,
21, rue du Montparnasse, 75006 Paris.
www.editions-larousse.fr

Titel der Originalausgabe: Le super guide des petites Sorcières

Texte: Aurore Meyer
Illustrationen: Amandine: Cover; Marygribouille: Die Kategorien Rezeptideen, Basteln & Bauen, Verkleidung, Spannende Abenteuer; Pierre Uong: Die Kategorien Spiel & Spaß, Tipps & Tests

Projektleitung: Sophie Chanourdie
Redaktion: Anne Létoré und Tina de Filippo
Art-Direktorin: Mélissa Chalot
Layout: Anne Bordenave
Herstellung: Émilie Peyrou

1. Auflage 2024
moses. Verlag GmbH, Arnoldstraße 13d, 47906 Kempen
Mail: info@moses-verlag.de, www.moses-verlag.de
Übersetzung aus dem Französischen: Lena Spellenberg
Lektorat: Franziska Johanna Priemer
Satz und Umschlaggestaltung: Weiß-Freiburg, Grafik und Buchgestaltung
Redaktion: Geesche Oetken
ISBN: 978-3-96455-323-2
Printed in China

FSC www.fsc.org
MIX
Papier | Fördert gute Waldnutzung
FSC® C020056